三河吉田藩・お国入り道中記

久住祐一郎
Kusumi Yuichiro

インターナショナル新書　036

はじめに

参勤交代とは

本書のテーマは「古文書から読み解く参勤交代の真実《リアル》」である。

参勤交代を簡潔に説明すれば、江戸幕府が諸大名に課した服属儀礼の一つであり、原則として一年おきに江戸と国元を行き来させた制度である。歴史の教科書には必ず登場するし、小説や時代劇の題材として取り上げられることも多いので、さほど歴史に興味がない人でも耳にしたことがある用語であろう。先頭の奴子《やつこ》が槍《やり》を振り回しながら、何百人何千人という長い長い大名行列がゆっくりと歩みを進め、沿道の庶民は土下座して見送るという光景をイメージする人もいるかもしれない。

参勤交代のルーツといえるような制度は、武家政権が誕生した鎌倉時代から存在していた。その後、豊臣秀吉が服属した大名に対して大坂や伏見に屋敷を与え、人質として大名の妻子も住まわせた。慶長《けいちょう》五年（一六〇〇）の関ヶ原の戦いで徳川家康が勝利すると、家康も秀吉にならって江戸に大名屋敷を造らせ、妻子を住まわせた。諸大名は自発的に国元と江戸を往復していたが、寛永《かんえい》一二年（一六三五）に三代将軍徳川家光が「武家諸法度《ぶけしょはっと》」を改定した際に明文化された。この時の対象は外様《とざま》大名のみであったが、同一九年には親《しん》藩《ぱん》・譜代《ふだい》大名へも拡大された。

参勤交代をおこなう時期は、外様大名は四月、譜代大名は六月か八月が原則とされた。近隣の大名同士の癒着を防ぐため、または特定の地域に大名が残らずいなくなるという事態をさけるため、ある大名が江戸へ出仕《しゅっし》（参勤）したら、その近隣の大名が交代で国元へ戻った。経路も幕府によって決められており、許可なくほかの街道を通行することや、寄り道をすることはできなかった。東海道は約一五〇家の大名の経路に指定されたため、参勤交代シーズンは多くの大名行列で賑わった。

多額の出費をともなうことから、参勤交代は幕府が大名の財力を削るための制度であったといわれることもあるが、それは結果的にそうなったに過ぎない。各大名は参勤交代の行列人数の多さや道具の華やかさを競い合ったが、街道の混雑や藩財政の圧迫を招いたことから、幕府は人数を規制するお触れを出すなど歯止めをかける側にまわった。

ペリー来航後の政治的混乱が続いていた文久《ぶんきゅう》二年（一八六二）八月、幕府は諸大名の財政負担を軽減して軍備を増強させるため、参勤交代を三年に一度に緩和し、江戸滞在も一〇〇日に短縮した。同時に大名の妻子の帰国も許した。大名統制策の根幹である参勤交代の緩和は、激変する政治情勢の中で将軍と大名の関係を再構築する意図があったが、結果として幕府の求心力を低下させることになった。元治《げんじ》元年（一八六四）九月、長州への出兵を目前にした幕府は、参勤交代を元に戻すことを発令した。これにしたがう大名や、江戸へ戻る大名の妻子もいたが、すでに弱体化した幕府にしたがわない大名も多かった。そして慶応《けいおう》三年（一八六七）の大政奉還とともに参勤交代は消滅した。――これが参勤交代のあらましである。

あらかじめ断っておくが、本書は参勤交代の制度史や意義付けを論じようというわけではない。江戸時代に何万回と繰り返された参勤交代のうちのたった一回に焦点をあて、残された古文書を読み解いていくことでその実態を紹介しようという、きわめてミクロな視点の本である。しかし、ミクロな視点だからこそ見えてくるもの、知ることができることも多い。たとえば、大名行列の人数や構成はどうなっていたのか。電話やインターネットのような通信手段のない江戸時代に、何百人もの宿泊場所をどうやって予約していたのか。

道中で発生したさまざまなアクシデントにはどのように対処していたのか。全国各地で日常的に繰り広げられていたが、現代の私たちにとっては知らないことだらけの参勤交代の実態を浮かび上がらせようというのだ。

古文書から武士の実像を探る

今回取り上げるのは、天保《てんぽう》一三年（一八四二）に三河吉田藩七万石の若殿様松平隼人正《はやとのかみ》信宝《のぶとみ》が、江戸から吉田（愛知県豊橋市）までお国入りした参勤交代である。江戸時代後期の吉田藩主は松平伊豆守《いずのかみ》家（大河内《おおこうち》松平氏）であった。「知恵伊豆」というあだ名で有名な松平信綱《のぶつな》の子孫で、代々「伊豆守」を名乗った家である。当時一八歳の信宝は伊豆守家のお世継ぎであり、病気の藩主の名代《みょうだい》として、七泊八日の日程で約二八九キロメートルを旅した。

この参勤交代の取りまとめ役を任されたのが、当時三五歳の吉田藩士大嶋左源太豊陳《さげんたとよつら》である。彼はひじょうに筆まめな人物で、職務に関するさまざまな記録を書き残しており、そのおかげで参勤交代の準備や道中の様子を詳しく知ることができる。そこには、先例主義にとらわれず、より良い方法や現実的な手段を模索しようと奮闘する武士の姿が映し出されている。

日本各地には既知未知を問わず、星の数ほどの古文書が存在している。特に文書主義の社会であった江戸時代の古文書は膨大である。そのため、一つの出来事に対して、さまざまな出所の古文書を通して多角的に検討することが可能である。

特に吉田藩の参勤交代の場合、大嶋左源太の残した大嶋家文書に加え、吉田藩主の末裔《まつえい》である大河内家、江戸時代の人材派遣会社である人宿《ひとやど》、行列が通った宿場町、吉田藩領内の町や村および寺社などの関係各所に残された古文書でその実態を追うことができる。

本書は大嶋家文書および関連する古文書を活用しながら、松平伊豆守家と大嶋家という一組の主従の歴史を題材に、吉田藩の若殿様が初めてお国入りする参勤交代を軸として、内側から見た大名行列の姿と、懸命に働く江戸時代の武士の実像を紹介する。

ただしニョロニョロとしたくずし字で書かれた古文書の画像はなるべく掲載せず、古文書を引用する場合でも読み下しをそのまま書くことは避け、わかりやすい表現に直した。古文書から描き出される江戸時代の世界を体感していただき、今後博物館などで本物の古文書を見かけた時には、少しでも興味を持って足を止めていただければ有り難い。

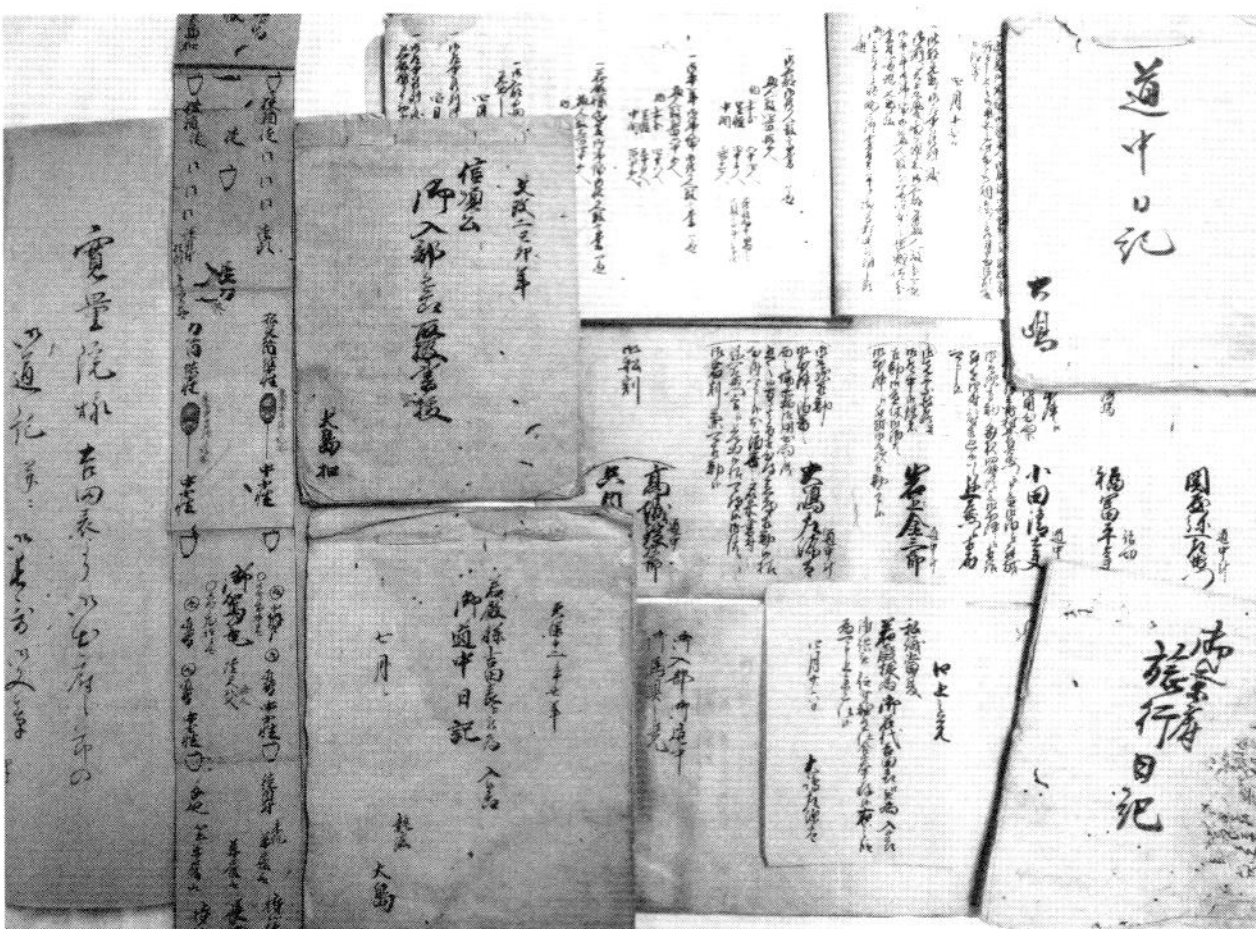

第5章で取り上げる『御道中日記』をはじめとする大嶋家文書の数々

目次

図版作成　タナカデザイン

大嶋家略系図

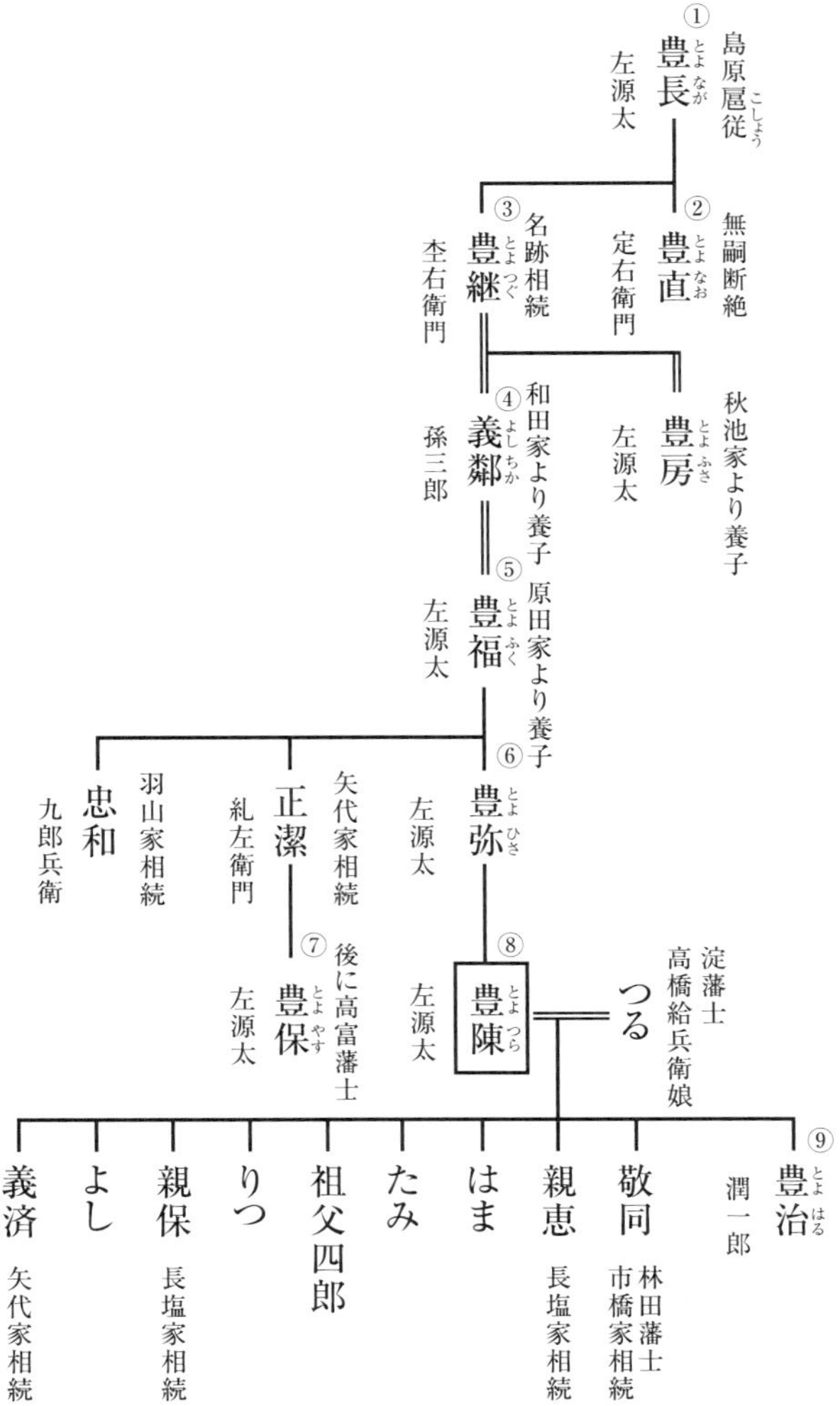

①
島原扈従《こしょう》
豊長《とよなが》
左源太
②
無嗣断絶
豊直《とよなお》
定右衛門
③
名跡相続
豊継《とよつぐ》
杢右衛門
秋池家より養子
豊房《とよふさ》
左源太
④
和田家より養子
義鄰《よしちか》
孫三郎
⑤
原田家より養子
豊福《とよふく》
左源太
⑥
豊弥《とよひさ》
左源太
矢代家相続
正潔
紀左衛門
羽山家相続
忠和
九郎兵衛
⑦
後に高富藩士
豊保《とよやす》
左源太
⑧
豊陳《とよつら》
左源太
淀藩士
高橋給兵衛娘
つる
⑨
豊治《とよはる》
潤一郎
林田藩士
市橋家相続
敬同
長塩家相続
親恵
はま
たみ
祖父四郎
りつ
長塩家相続
親保
よし
矢代家相続
義済

松平伊豆守家略系図

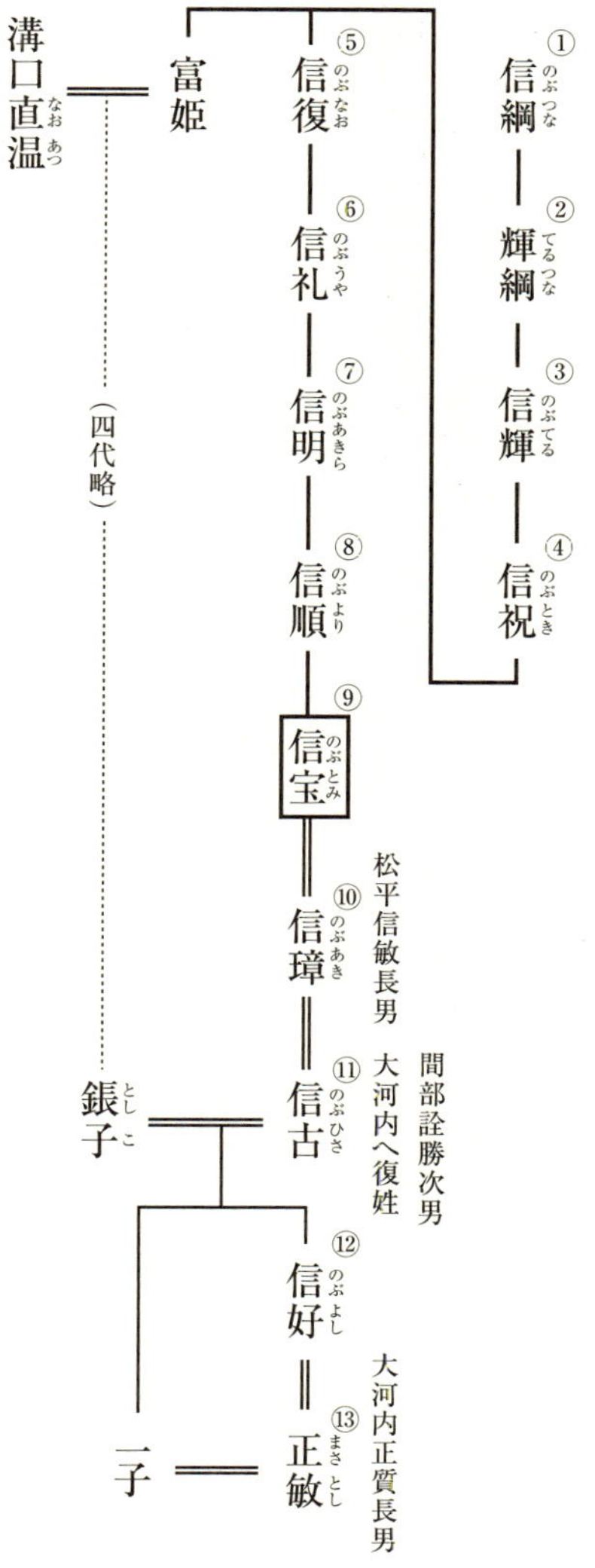
①信綱《のぶつな》
②輝綱《てるつな》
③信輝《のぶてる》
④信祝《のぶとき》
⑤信復《のぶなお》
⑥信礼《のぶうや》
⑦信明《のぶあきら》
⑧信順《のぶより》
⑨信宝《のぶとみ》
⑩信璋《のぶあき》
松平信敏長男
⑪信古《のぶひさ》
大河内へ復姓
間部詮勝次男
⑫信好《のぶよし》
⑬正敏《まさとし》
大河内正質長男
富姫
溝口直温《なおあつ》
（四代略）
鋹子《としこ》
一子

第一章　若殿と左源太

大嶋左源太豊陳

まずは本書の主人公を紹介しよう。

大嶋左源太豊陳《さげんたとよつら》は、文化《ぶんか》四年（一八〇七）に三河吉田藩士大嶋左源太豊弥《とよひさ》の三男として生まれ、金五郎《きんごろう》と名付けられた。上に兄二人と姉がいたが、三人とも豊陳が生まれる前に亡くなっている。父の豊弥は文化一〇年に四七歳で病死した。豊陳はこの時わずか七歳の幼子であり、藩士としての勤めが果たせないため、従兄弟《いとこ》で二三歳の矢代政五郎《やしろまさごろう》が中継ぎとして相続し、大嶋左源太豊保《とよやす》と名乗った。

文政《ぶんせい》五年（一八二二）、一六歳になった豊陳は豊保から家督を譲られ、高五〇石で中小姓《ちゅうごしょう》に召し出され、江戸谷中《やなか》の吉田藩下屋敷に居住していた藩主松平信順《のぶより》の弟たちに仕えることになった。同一〇年には馬廻《うままわり》に任命され、通称を左源太と改めた。ここからは、豊陳を「左源太」と呼ぶことにしよう。それから間もなく、左源太は若殿長之助《ちょうのすけ》付きの近習《きんじゅ》目付兼小納戸《こなんど》に転じた。若殿付きの家臣は当時一二人いたが、最年長の左源太が筆頭であった。若殿より一七歳年上の左源太はいわば守《も》り役であり、ここから二人の主従関係が始まった。

天保《てんぽう》二年（一八三二）、江戸詰の山城淀《やましろよど》藩士高橋給兵衛《きゅうべえ》の娘つるを嫁に迎え、翌年に長男潤一郎が誕生したのを皮切りに、六男四女の子宝に恵まれた。

天保三年には目付に出世し、一〇石の加増を受けて高六〇石になり、役料として三人扶《ぶ》持《ち》を与えられた。役料とは、役職を務める者に支給される手当のことである。以後嘉《か》永《えい》三年（一八五〇）まで、足かけ一九年にわたりこの職を精勤することになる。

目付という仕事は実に多忙かつ多岐にわたり、働き盛りの有能な人材が配置される、いわば花形ポストであった。その役目をまとめれば、諸役人の勤務状況から家臣団の日常生活にいたるまでの監察、といったところである。具体的には、幕府や家老からの触《ふれ》書《がき》の家中への伝達、風紀を乱す者の取り締まり、処罰を受けた藩士に対する処分内容の申し渡し、家中の屋敷や長屋内への定期的な見回り、長期病休中の有職者に対する容態検査、末《まつ》期《ご》養子に不審な点がないか確認する判《はん》元《もと》改め、脱藩者が出た場合の関係者の取り調べなどがあった。参勤交代の統括マネージャーとしての役目もあり、これについては次章以降で詳しく述べる。さらに江戸の場合は、将軍の外出時における藩邸前の警固、出火などの非常時に藩邸へ駆けつけた家臣たちの名簿の提出などもあった。

目付の定員は江戸と吉田で各三〜五名ほどで、吉田藩の飛び地である遠州新《あら》居《い》町（静岡県湖西市）にも一人置かれた。配下には徒《かち》目付や下《した》目付（足軽目付）がおり、彼らが目付の手足となって動き回った。

吉田藩士は吉田と江戸でそれぞれ約二〇〇名おり、彼らが就く役職は数多くあったが閑職も多かった。最後の吉田藩主松平信古《のぶひさ》は「色々な役職があるが、すべてよいというにはいたり難《がた》い。ただただ効き目を失わず、それにて政事《まつりごと》をおこなうべきである。当家においては、家老・町郡奉行《ちょうぐんぶぎょう》・目付・代官の四つである」と語っており、藩政に効力を発揮する役職の四本柱の一つとして目付を重視していた。

「若殿」松平信宝

本書のもう一人の主人公は、松平伊豆守《いずのかみ》家九代当主の松平信宝《のぶとみ》である。

信宝は、文政七年（一八二四）九月一〇日に谷中下屋敷で誕生した。父は八代当主の松平伊豆守信順、母は側妾《そばめ》の綾瀬（金子氏、涼松院《りょうしょういん》）である。生後七日目に長之助と名付けられた。同九年一一月七日には信順の正室延姫《のぶひめ》の養子となり、将来的に伊豆守家のお世継ぎとなることが確定した。

同一一年一一月二三日、諱《いみな》（実名）を「信宝」と名付けられた。ところで、信宝の読み方は『豊橋市史』をはじめとする書籍類では「のぶたか」とルビを振られている場合がほとんどである。しかし、大河内家や吉田藩士の家に伝わった系譜や古文書などで仮名が振ってある場合には、もれなく「宝」に「トミ」と振ってある。江戸時代に発刊された大名や旗本の紳士録である『武鑑《ぶかん》』も「ノブトミ」と読んでいる。そのため、実際には「のぶとみ」と読むのが正しい。かく言う筆者も、以前作成した展示図録で「のぶたか」とルビを振ってしまった。諱を正しく読むことは難しい。

余談になるが、藩士や領民は自身の名前（諱・通称）に藩主やその一族の名前の一字を使用することを避けた。これは日本のみならず、東アジアの漢字文化圏でみられる慣習で、「避諱《ひき》」と呼ばれる。吉田藩では藩主一族や徳川将軍家の一族が命名・改名をした際に触書が出され、同じ漢字はもちろん、同じ訓読みの名前も改めることが強制された。吉田藩においては、伊豆守家の通字《とおりじ》が「信」であったことから、「信」という漢字は言うに及ばず、「のぶ」という読みも永年避諱の対象であった。そのため、大嶋左源太豊陳の「豊陳」は「とよのぶ」ではなく「とよつら」、地図コレクターとして知られた吉田藩士柴田猪助《いすけ》善伸の「善伸」は「よしのぶ」ではなく「よしなが」と読むのである。

幕府に対する信宝の嫡子届は同一三年一一月三日に提出され、即日受理された。九日には藩邸で祝いの儀式が催され、家中一同へのお披露目もおこなわれた。これ以後、信宝は七歳にして家中から「若殿様」と称されることになった。

左源太に甘える若殿

信宝は幼少期を谷中で過ごし、守り役となった左源太からも手習いなどの教育を受けていたようである。父信順が大坂城代として現地へ赴任した天保二年（一八三一）九月には、父に宛てて大坂着城を祝う書状を出しており、左源太が手ほどきをしたのであろう、その下書きが大嶋家に伝わっている。

それと同時期のものと思われる左源太宛ての書状が左ページの図1である。

左源太や　おとなしくするから　かちんお《（を）》やいてくれろよ

今でいえば小学校入学前後の男の子が書いたものである。「かちん」とは餅のことで、いたずらか悪ふざけでもして叱《しか》られたのか、しょんぼりとしながらも餅を焼いてくれと甘えてくる可愛らしい姿が想像できる。

天保三年に呉服橋門内の上屋敷へ引っ越してからも、信宝は頻繁に谷中を訪問している。当時、谷中の御殿には祖母の恵覚院《けいがくいん》（信明側室、信順生母）が住んでおり、谷中邸内に祀られた桜下《さくらもと》稲荷へ参詣するという口実で祖母のもとへ遊びに行ったりもしている。鉄砲の稽

図1　左源太宛て長之助書状

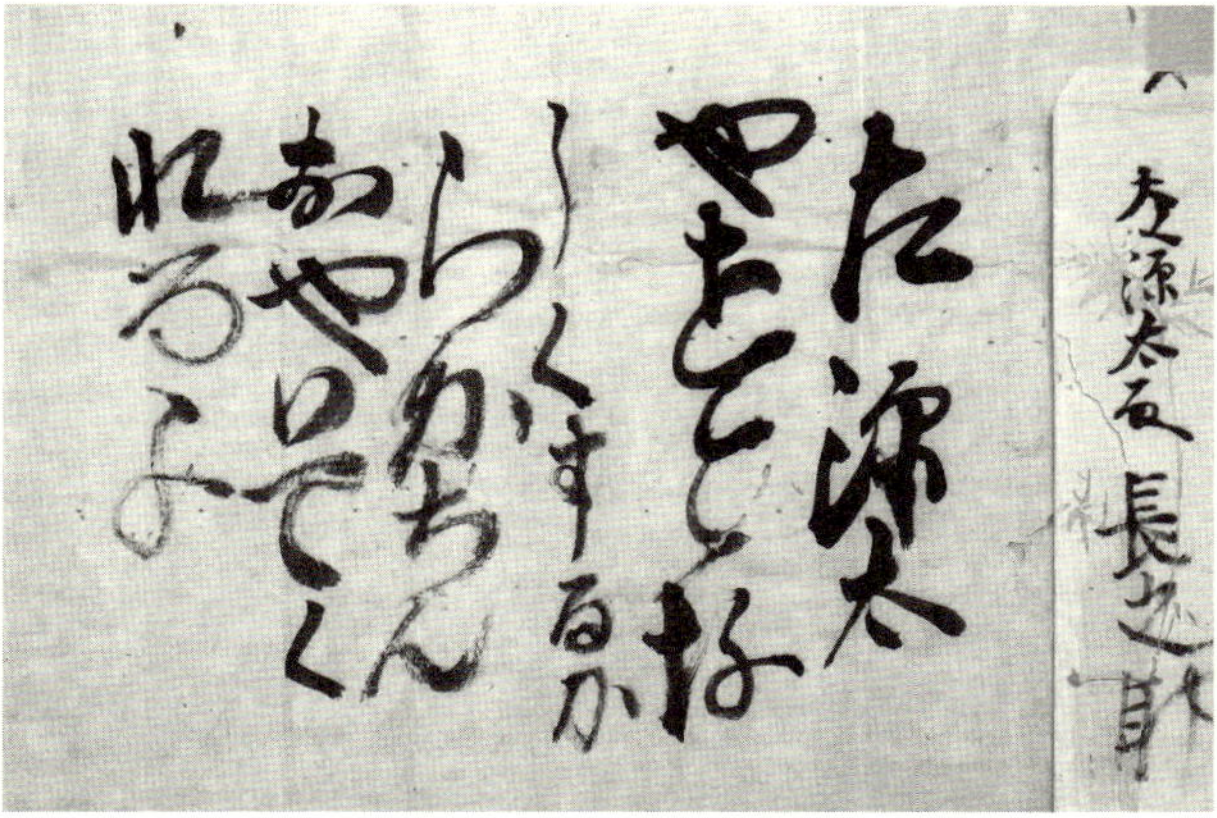

古や、当時流行していた倫理をわかりやすく説く心学道話《しんがくどうわ》の聴講なども楽しみにしていた。

天保八年三月一五日、信宝は初めて江戸城に登城し、将軍家斉《いえなり》・世子《せいし》家慶《いえよし》に拝謁した。大名の嫡子が初めて登城して将軍にお目見えすることを「御乗出《おのりだし》」といい、周囲から公式に家督相続者として認められるための欠かせない重要イベントであった。同年一二月一六日には従五位下隼人正《はやとのかみ》に叙任され、ここに名実ともに立派な若殿様が誕生した。

婚約は天保四年、信宝一〇歳の時に上野《こうずけ》館林藩主松平斉厚《なりあつ》の娘敬姫《けいひめ》との間で決まっていたが、同一〇年一〇月に解消となった。この婚約解消は、斉厚の嫡男が病死してしまい、急いで婿養子を迎えなければならなくなったという、相手方のやむを得ない事情による。代わりに同年一二月に備後《びんご》福山藩主阿部正弘の姪較姫《めいなおひめ》との婚約が決まった。

山椒は小粒でも辛い

幕末の頃に吉田藩士の安間染右衛門敬長《あんまそめえもんたかなが》が編纂《へんさん》した『十世遺事抄《じゆっせいいじしょう》』という本がある。これは、歴代の伊豆守家当主に関する事績を記した書物がないことを案じた敬長が、さまざまな書物や記録、伝聞情報、詠歌などをまとめて時の藩主松平信古《のぶひさ》に献上したもので、いわば殿様のエピソード集である。上下二巻からなり、上巻に初代信綱《のぶつな》の、下巻に二代輝綱《てるつな》から一〇代信璋《のぶあき》までの逸話を紹介している。ただし、殿様を讃嘆する目的で作成された本であるため、編者のバイアスがかかっていることには留意しなければならない。なお、七代信明《のぶあきら》については既に『嵩嶽君言行録《すうがくくんげんこうろく》』として編纂していたため、遺漏情報のみを収録している。

この中に若殿時代の信宝の逸話も収録されているので紹介しよう。

天保八年（一八三七）に叙任されて松平隼人正となった信宝は、江戸城の雁間《がんのま》という部屋へ詰めることになった。大名や旗本は、江戸城に登城した際に詰める部屋が家格や役職に応じてあらかじめ決められており、これを伺候席《しこう》という。雁間には、主に幕府成立後に取り立てられた譜代大名、および老中・京都所司代などの要職者の嫡子が詰めていた。信宝も信順（当時は京都所司代）の嫡子として雁間詰になったのである。雁間詰の者は、毎日交代で誰かが詰めていたことから「詰衆」と呼ばれた。幕閣の目に留まる機会も多く、雁間詰から要職に登用される者も少なくなかったため、格上の部屋詰であっても雁間詰を望む者もいたという。

ある時、いつものように信宝が雁間に詰めていたところ、登城してきた老中首座の水野越前守《えちぜんのかみ》忠邦《ただくに》が部屋の前を通った。ほかの詰衆たちは、当時の慣例にならって忠邦に対して額を畳につけるように拝礼したが、信宝だけはなぜか頭を下げることをしなかった。

自席に着いた忠邦は、「隼人正殿がひとり頭を下げなかったのは不敬の極みである。一体どのような意図であのような態度をとったのかわからん」と怒りをあらわにした。それを間近で聞いていた茶坊主は手に汗を握って、「これを聞いたら隼人正殿はどのように返答なされるか、きっと不敬を詫《わ》びて謝られるに違いなく、ほかに方法もないだろう」と考えながら信宝のもとへやって来て、時の権力者である忠邦の怒りを伝えた。

それを聞いた信宝は、「なるほど、疑念のことは承知した。しかしながら、特に心得ていたわけではないが、拙者の祖父が老中首座として登城していた頃は、雁間の前を通りかかった折に詰衆が頭を下げるようなことはなかったと父から聞いている。一体、いつ頃そのような御触れが出されたのか。古くからの前例があって頭を下げているのであれば、それは拙者の心得違いであり、恐れ入り奉るところであるので、今後の心得のために承りたい」と毅然《きぜん》とした態度で返答した。

案に相違して信宝が堂々と反論してきたので、茶坊主がその旨を忠邦に伝え、調べてみたところ、そうした御触れも古くからの前例もなかったので、この一件はこれで沙汰止《さたや》みとなった。

これと同じ頃、雁間で大名の嫡子たちが騒々しくしていたため、忠邦の指示で「行儀が悪いので静かにするように」という沙汰があった。これに対して、信宝は「拙者は少しも騒がしいことなどしていない。それなのに一同に対して沙汰があるのは迷惑至極である。騒がしくしていた者へ個別に沙汰するべきである」と不満の意を示した。それを耳にした忠邦は「毎度のことだが、隼人正殿は理詰めをしてくる。山椒《さんしょう》は小粒でも辛《から》い」と笑い、この件もやはり沙汰止みになった。

「知恵伊豆」の家系

信宝の言う「拙者の祖父」とは、長年にわたって老中首座を務めた松平信明である。信明の人物像については、『嵩嶽君言行録』によれば「生まれつき聡明で、かつ容顔《ようがん》美なり（イケメンである）」とされ、弱冠二六歳で老中に抜擢《ばってき》されたことから、その才覚は誰もが知るところであった。一方で、松平定信の家臣が記した『よしの冊子《ぞうし》』という風聞書には、幕臣の信明評として「先例を知らず、ただぐずぐずと理屈を言われるので、些細《ささい》なことでも信明殿に伺った日にはめったなことでは済まされない」という記述がある。また、信明が妻子に宛てた手紙も長文のものが多く、なにやら理屈めいたことを延々と書き綴《つづ》っている箇所もある。

この『十世遺事抄』に記された理屈っぽい性格を示す逸話は、未だ若年の信宝が、祖父信明を彷彿《ほうふつ》とさせる明敏な人物であったことを示唆《しさ》している。ただし、「知恵伊豆」と呼ばれた初代信綱は「才はあれども徳なし」などと言われ、信明も定信から「才は徳に勝る」と評されている。中国の歴史書『資治通鑑《しじつがん》』には、才も徳も兼ね備えている人は「聖人」、徳が才に勝る人は「君子」、才が徳に勝る人は「小人」、才も徳もない人は「愚人」であると書かれている。これに当てはめるならば、信綱も信明も「小人」になってしまう。

やはり出来過ぎの優等生キャラは周囲から理解され難いのだろうか？

最後にもう一つ若殿時代のエピソードを。

江戸城では毎年正月三日に「御謡初《おうたいぞめ》」として能楽が開催されていた。その日、登城の準備をするために小納戸が普段どおりの肩衣《かたぎぬ》を差し上げたところ、信宝が「これでは悪い。もっと良いものを出せ」と突き返してきた。小納戸は「普段はお召し物の良し悪しなど少しも言われないのにどういうわけか？」といぶかしく思いながら高価な肩衣を差し上げると、信宝は「これで良い」と言い、それを着て登城していった。実はこの御謡初では、演目が終わると観劇していた大名たちが身に付けていた肩衣を脱ぎ、能役者へご祝儀として投げ与えるという慣習があった。この肩衣は、後日金銭と引き替えに返却されるのだが、肩衣の良し悪しはお家の面目にもつながるので、信宝はあえて高価な肩衣に替えさせたのだ。江戸城の大名社会を生き抜くのも、なかなか気苦労が絶えないものであったようだ。

ちなみに、左源太も若殿付の小納戸を務めた時期があったが、この時はすでに目付に出世しているので、このエピソードの小納戸は左源太ではないことを申し添えておく。

松平伊豆守家と「島原」

三河吉田藩主である松平伊豆守家の参勤交代、そして大嶋家の歴史を語るには、今から三八〇年以上もさかのぼったところから話を始めなければならない。

寛永《かんえい》一四年（一六三七）一〇月下旬、肥前島原領《ひぜんしまばら》（長崎県）および肥後天草領《ひごあまくさ》（熊本県）で、キリスト教を信奉する農民らが領主の圧政に耐えかねて蜂起《ほうき》し、天草四郎を首領として肥前国高来郡《たかき》の原城に立て籠もった。島原天草一揆《いっき》（島原の乱）である。

幕府は直ちに板倉重昌《しげまさ》と石谷貞清《いしがやさだきよ》の両名を派遣し、九州の諸大名からなる一揆討伐軍を指揮させた。さらに一一月二七日には、老中松平信綱と美濃《みの》大垣藩主戸田氏鉄《うじかね》の追加派遣が決定した。これは、一揆の早期鎮圧を見越した幕府が、両名に戦後処理を担当させることを目的とした派遣であったようである。

ところが、翌年正月三日に島原へ到着した信綱のもとに届いた知らせは、去る元日に原城へ総攻撃を仕掛けた幕府軍が大敗し、総大将の板倉重昌が討死したという衝撃的なものであった。これを受けた信綱は、力攻めに拠《よ》らず兵糧《ひょうろう》攻めをおこなうことを決め、兵力の増員を要求し、総勢一三万人といわれる大軍で原城を包囲した。

原城の兵糧が底をついたことを確認した幕府軍は、二月二七日に総攻撃をおこない、翌二八日には完全に原城を制圧した。籠城していた一揆勢の男女約三万七〇〇〇人はことごとく処刑され、生き残ったのは幕府に内通した山田右衛門作《えもさく》ただ一人であったという。幕府軍も全体で一〇〇〇人以上の死者、七〇〇〇人以上の負傷者を出したと言われ、一五〇〇人の信綱軍では杉山頼母《たのも》勝元・西村半三郎・野間市兵衛と又者《またもの》（陪臣）三人の計六人が討死し、一〇三人が負傷した。

以上が、ごく簡潔な島原天草一揆のあらましである。この出来事は、豊臣家が滅亡して天下が平定された後に頭角を現した信綱にとって、生涯におけるただ一度の戦場経験であった。武門の家にとって、戦場での武功は何よりも誇らしき由緒であり、子々孫々にいたるまで語り継がれていくべきものであった。つまり「島原」とは、信綱を初代とする松平伊豆守家における唯一の武功を指し示す言葉であり、後代の当主や家臣団にとってきわめて重要な意味を持つことになるのである。

島原天草一揆鎮圧の翌年、信綱はそれまでの武蔵忍藩《むさしおし》三万石から武蔵川越藩六万石に転封《てんぽう》（領地替え）となり、正保《しょうほう》四年（一六四七）には加増を受けて七万五〇〇〇石となった。幕府老中としては、将軍家光・家綱の二代を補佐し、由比正雪《ゆいしょうせつ》の乱や明暦《めいれき》の大火などの危機を乗り越え、江戸幕府の体制に安定をもたらしたと評価されている。

一代でのし上がった信綱は、寛文《かんぶん》二年（一六六二）三月一六日に六七歳で死去した。

大嶋豊長の奮戦

島原天草一揆で信綱が率いた軍勢は一五〇〇〇人と言われるが、陪臣や雑兵を除いた正規の「家中《かちゅう》」は一〇〇〇人であった。その中の一人に大嶋左源太豊長《とよなが》がいた。彼が大嶋左源太豊陳の祖先である。

豊長は、越後《えちご》高田藩主堀家の旧臣遠藤七兵衛《しちべえ》の子として越後で生まれた。大嶋家の由緒書によれば慶長《けいちょう》一八年（一六一三）に父が亡くなった際に二歳であったとするが、享年から逆算すれば慶長一八年生まれとなる。父の主君であった堀忠俊《ただとし》はすでに慶長一五年に改易《かいえき》されていた。幼い豊長を連れた母は、元和《げんな》二年（一六一六）に新たに高田藩主として入封した酒井家次《いえつぐ》の家臣で、奇《く》しくも亡夫と同じ名前の大嶋七兵衛に嫁いだ。そのため豊長も大嶋姓を名乗って高田で幼少期を過ごし、一六歳の時に志《こころざし》を立てて江戸へ出た。

寛永九年（一六三二）、豊長は酒井家家臣加藤六之助の仲介で信綱に仕官することになり、高一〇〇石で小姓を務めた。大嶋家伝来の古文書の中には、信綱が発給した文書の下書きも含まれているので、右筆《ゆうひつ》でもあったのだろう。そして同一四年、二五歳の時に信綱に従って島原へ出陣した。

翌一五年二月二七日の原城総攻撃では奮戦するも、石垣を登っている途中で一揆勢の投石を受けて負傷してしまう。それでも翌日の再度の総攻撃では怪我《けが》を押して槍を手に取り、本丸まで攻め込んで敵の首級《しゅきゅう》を上げた。しかしここでも鉄砲の流れ玉にあたってしまい、その傷が一生残ることになった。

島原天草一揆後、豊長はたびたび加増を受け、万治《まんじ》二年（一六五九）には高三〇〇石で徒《かち》大頭《おおがしら》に昇進した。信綱からの信頼も厚く、豊長の病気を見舞う自筆の書状が残されている。

島原天草一揆の生き証人

次第に島原天草一揆の記憶が薄れ、戦場経験を持つ武士が減っていく中で、豊長は実際に槍働きをした真のサムライとして貴重な語り部となっていった。

信綱が亡くなって間もない寛文四年（一六六四）には、「九州一揆有馬城攻之覚《おぼえ》」と題する覚書を同僚の松井五郎右衛門《ごろうえもん》と連名で記した。これ以前に信綱の嫡男輝綱が「島原日記」として乱の経過を記録してはいたが、信綱軍のことはあえて書いていなかったので、伊豆守家の後代のために信綱軍の働きを書き留めたものである。また、戦場を知らない輝綱の弟たちに島原の様子を語って聞かせることも、豊長の重要な役目であった。

豊長の体験談は伊豆守家中を超えて、諸大名や旗本たちの間でも話題となった。延宝《えんぽう》七年（一六七九）には幕府に仕える儒学者林鵞峰《はやしがほう》が「大嶋豊長事記」と題する一文を認《したた》め、島原天草一揆における豊長の武勇を讃嘆するほどであった。

豊長の働きが周知されるようになったのは、信綱の甥で旗本の天野長重《あまのながしげ》によるところが大きかった。長重は八〇歳過ぎまで現役を貫き、四〇年以上にわたって数々の教訓を書き連ねた『思忠志集《しちゆうししゆう》』を著した、元禄《げんろく》時代を代表する名物旗本である。長重も若年ながら島原へ参陣しており、戦場の様子を語る機会が多かった。その際に、原城攻めの一番槍として豊長の武勇を喧伝《けんでん》したのであった。先の林鵞峰とのつながりは、長重の人脈によるものであったようだ。

豊長は延宝八年に六八歳で川越への転勤を命じられたため江戸を離れたが、その後も長重とは頻繁に文通をおこなっており、求めに応じて島原天草一揆での経験や記憶を伝えている。

こうして島原天草一揆の生き証人となった豊長は、元禄六年（一六九三）七月一四日に八一歳の生涯を終え、川越の蓮馨寺《れんけいじ》に葬られた。

島原扈従の特別視

松平伊豆守家の末裔《まつえい》である大河内家に伝来する古文書の中に、「九州へ御《お》供仕候者《ともつかまつりそうろうもの》之《の》覚《おぼえ》」という書付がある。作成年代は記されていないが、記載されている内容から、元禄四年（一六九二）頃のものと考えられる。何が書かれているかというと、島原天草一揆へ従軍した信綱の家中一〇〇人の家が、現状どうなっているかを調査した結果である。これによれば、一〇〇人のうち生存者は大嶋豊長を含めてわずか一〇人、二世、三世に代替わりしている者は四〇人、家が断絶している者は半数の五〇人となっていた。断絶の原因としては無嗣《むし》断絶もあるが、当時は主君と家臣の個人的な主従関係が基本であったことから、仕官替えや浪人になる道を選ぶ家臣も多かった。そのため、江戸時代の初め頃における家中の構成は流動的であった。

四代将軍家綱《いえつな》の時代になると、それまでの武断政治から文治政治に方針転換し、末期養子の禁の緩和や、殉死の禁止、証人（人質）制度の廃止といった政策が打ち出された。この方針は五代将軍綱吉《つなよし》以降にも引き継がれていった。大名の改易の減少や儒教的道徳の浸透により、家臣は主君の「家」に仕えるものという意識が定着していった。一般庶民の間で直系家族が代々家産を受け継いでいく江戸時代的な「家」制度が成立し、現代の戸籍簿にあたる「宗門人別改帳《しゅうもんにんべつあらためちょう》」が作成され、墓石が盛んに造られるようになるのもこの時期からである。

伊豆守家中の調査がおこなわれた元禄四年頃といえば、島原天草一揆からすでに五〇年以上が経過していた。世代交代が進み、実際に戦場の有様を肌で知っている者は少なくなっている時期である。伊豆守家も島原を知らない三代目の信輝《のぶてる》が当主になっていた。現代においても戦後七〇年以上が経過し、身をもって戦争を経験した世代が少なくなっているが、同様のことが江戸時代でも起こっていたのである。

島原天草一揆の記憶が風化し、過去の歴史になりつつあったこの頃から、伊豆守家中において島原に従軍した者、およびその子孫であることが特別視されるようになった。史料の中では「島原へ御供仕り数代相勤候者之家筋」や「島原へも御供仕り候家」、「島原扈《こ》従《しょう》」などさまざまな表記がなされるが、ここでは簡潔に「島原扈従」で統一しておく。「扈従」とは貴人に従う人のことで、「小姓」の語源と言われる。「九州へ御供仕候者之覚」の作成には、文治政治による「家」意識の広がりを背景とした島原扈従の家を把握することの重要性の認識、および彼らが次々に絶えていくことへの危機感があった。既に半減してしまった島原扈従の家を存続させることは、伊豆守家の当主に課せられた使命とも考えられるようになっていった。たとえば、七代目の信明は「もしも今後島原扈従の家が断絶するようなことがあれば、その時の当主の不徳であると思え」と家中に触れさせている。

よみがえる島原扈従

時代はさらに下るが、天明《てんめい》二年（一七八二）に『藩臣家状《はんしんかじょう》』という伊豆守家中の由緒書が成立した。由緒書とはいっても、初代が仕官した時期、歴代当主の名前、俸禄《ほうろく》、当時の当主の役職などが列記されただけの簡素な内容である。正本は藩主に献上されたが、藩士たちの間でも流布《るふ》していたとみられ、幾らかの写本が現存している。

『藩臣家状』は全五巻からなる。第一巻は上・中・下に分かれており、寛永一四年（一六三七）すなわち島原天草一揆までに仕官した五二家が掲載されている。そのうち四四家には「島原扈従」と注記してあるが、六家は当時断絶しているので、天明二年時には島原扈従は三八家に減少していたことになる。ちなみに残る八家は島原へ行かず留守《るす》居《い》をしていた家である。第二巻は寛永一五年から正保元年（一六四四）の間に仕官した四六家、第三巻は正保二年から寛文二年（一六六二）の間に仕官した六四家であり、ここまでが信綱の代から仕えている家である。第四巻は寛文二年から宝永《ほうえい》五年（一七〇八）の間に仕官した七一家で、輝綱と信輝の代にあたる。第五巻は宝永六年から明和《めいわ》元年（一七六四）の間に仕官した七一家で、信祝《のぶとき》と信復《のぶなお》の代にあたる。ただし、第五巻に掲載された家は写本が作成された年代により差異がある。この巻の割り振りを見ても、島原扈従が特別であったことがわかるだろう。なお、ここで挙げた家数に分家は含んでいないが、分家を創設した島原扈従の家も多い。

島原扈従の末裔は優遇されており、それは大嶋家にもみられる。

大嶋家では、豊長の跡を三男の定右衛門豊直《とよなお》が継いだが、元禄一三年（一七〇〇）に五一歳で病死した。豊直には子がなかったにもかかわらず養子願いを出しておらず、末弟の杢《もく》右衛《え》門豊継《もんとよつぐ》を末期養子として願い出たものの、幕府が五〇歳以上の末期養子を禁じていたため、「御大法《ごたいほう》」に背くことはできないとして却下されてしまった。しかし豊長の長年の功績に免じて、新規に取り立てるという形で名跡相続が許され、知行一〇〇石を与えられた。

享保《きょうほう》一九年（一七三四）、豊継の養子で家督を継いでいた孫三郎義鄰《よしちか》も子がないまま危篤状態になってしまい、同じ家中の鈴木銀《ぎん》右衛《え》門《もん》の次男を末期養子として願い出た。ところが、大嶋家は島原扈従であるから鈴木家では家格が釣り合わないとして、願書を突き返されてしまった。結局、島原扈従ではないが徳川譜代の名門榊原《さかきばら》家の陪臣から信綱に仕えた原田家の次男嘉吉《かきち》が選ばれ、大嶋左源太豊福《とよふく》と名乗った。豊福は高六〇石で新居目付などを務めた。こうして大嶋家は石高を減らされたものの、二度の断絶の危機を乗り越えたのである。

大嶋家のほかにも、脱藩により断絶した家が島原扈従であるため親類によって再興を許されたり、家格が低く末期養子が認められない身分であった家が島原扈従であることを理由に特例で末期養子が認められたりもしている。

島原扈従の恩恵は陪臣にも及んだ。明和五年（一七六八）、和田要人《かなめ》が三人の家来に対して暇を与えた。ところが、この三人は和田家の初代理兵衛《りへえ》が島原へ連れていった者の子孫であったため、目付支配下の下目付として召し抱えられ、なんと陪臣から直臣《じきしん》に格上げされることになった。一方、主人であった要人は、島原以来の家来を解雇するとは不届きであるとして、逆にお叱《しか》りを受ける破目になった。

このように、島原扈従の家は断絶の危機を迎えても、いやたとえ断絶したとしても、何度でもよみがえったのである。

「島原」という言葉は、松平伊豆守家にとって一種のアイコンであった。そのことが思いがけない人物とのつながりを生んでいたのだが、そのことは第三章で明らかにしよう。

第二章　参勤交代アレンジメント

ストレスにさらされる殿様

三河吉田藩主松平信順《のぶより》の持病は「痰気《たんき》」であった。江戸の吉田藩邸で書き継がれた公用日記には、信順が痰気のため江戸城に登城できなかった、あるいは家臣の目通りができなかったという記述が頻繁に登場する。文政《ぶんせい》七年（一八二四）の江戸参府では、痰気により行列を進めることができず、三島宿で二日間滞留している。

痰気とは、文字どおり痰の病気である。この場合の痰は、気管から吐き出される分泌物ではなく、漢方医学でいう正常ではない病的な体液のことを指す。医学の専門家ではない筆者が判断するのは憚《はばか》られるのだが、信順は痰にまつわる病気のなかでも「梅核気《ばいかくき》」ではなかったかと推察する。これは喉に梅干しの種（梅核）がつかえているような感覚があり、咳《せき》・頭痛・眩暈《めまい》・吐き気・胸のつかえ・腹部の張りなどの症状が現れる病気である。西洋医学でいうところのヒステリー球（咽喉頭異常感症《いんこうとう》）と同じ疾患と見られ、主な原因は精神的なストレスであるという。信順の病名としては、痰気のほかに疝癪《せんしやく》（さしこみ）・鬱滞《うつたい》（気のふさぎ）なども見られるが、どれもストレスが関係していると考えられている病気である。

弱冠二六歳で老中にスピード出世し、その後も長期政権を築いた信明《のぶあきら》の跡を継いだ信順にのし掛かる重圧が相当なものであったことは容易に察せられよう。それでも信順は果敢に幕政への参画を志し、奏者番《そうじゃばん》、寺社奉行、大坂城代、京都所司代と一歩ずつ着実に出世コースを歩んだ。特に大坂城代時代には、大坂西町奉行矢部駿河守定謙《するがのかみさだのり》と協力して米の不正取引を厳しく取り締まったことで大坂の人々から称賛を浴びた。そして天保《てんぽう》八年（一八三七）五月一六日にはついに老中の座についた。この時四五歳であった。しかし、すでに信順の心身は限界に達しており、わずか二ヵ月後の七月二三日に、「老中就任以来頭痛と眩暈に悩まされて登城できず、気分も晴れない」として辞表を提出するにいたり、八月六日に辞任が認められた。

信順の老中スピード辞任の理由は、老中首座であった水野忠邦《ただくに》と意見が合わなかったため、あるいは京都所司代時代に公家衆の反感を買ったためなどと、根も葉もない噂話《うわさ》の類《たぐ》いが囁《ささや》かれるが、信順自身が精神的なストレスに耐えきれなくなったことが最大の理由であろう。

加えて、藩財政に役職を続けるだけの余力がなくなっていたことも大きな要因と考えられる。当時の吉田藩財政は、他藩の例にもれず借財が嵩《かさ》んで逼迫《ひっぱく》しており、信順が就任した幕府要職にかかわる費用も大きな負担であった。そのため、信順時代にはそれ以前からおこなわれてきた家中の給与カット（引米《ひきまい》）の拡大、家中や領民に対する倹約令、藩営新田の開発や石灰《いしばい》製造所の設立といった新規プロジェクトの推進、飢饉《ききん》対策など、藩財政立て直しのための諸政策が実行された。その結果、先代信明の治世で落ち込んでいた年貢収納高は回復したものの、藩財政を好転させるまでにはいたらなかった。特に長引く給与カットは家中の不満を増幅させていた。

殿様に物申す！

そうした状況を見かねて物申す藩士がいた。その名を宮田甚三郎則成《じんざぶろうのりしげ》という。彼は寛政《かんせい》七年（一七九五）生まれで、大嶋左源太《さげんた》の一回り年長である。越後流軍学者でもあり、国元の吉田で馬廻《うままわり》を務めていたが、酒での失敗がたびたびあったことから石高を二〇〇石から一八〇石に減らされた。天保年間には者頭《ものがしら》（足軽大将）に昇進したが、わけあって一〇日ほどで元の馬廻に戻された。家格は家中では中の上クラスであり、家老とも縁戚関係にあった。ちなみに若殿信宝《のぶとみ》のことは、馬術の稽古に励んでいることを耳にして、ミリオタとしても知られる二代当主輝綱《てるつな》の再来であると評価していた。

甚三郎は幾度も家老に対して財政改革を提案していたが一向に聞き入れられず、それならば江戸の信順へ直に訴えようと決意した。信順が老中を辞任した翌年の天保九年（一八三八）九月のことである。そこで、信順側近のトップである江戸の小姓頭三輪十郎兵衛《じゅうろべえ》に宛てて長文の改革意見書を提出した。そこには「優秀な人材と聞き及んでいる大嶋左源太にもこの改革案を見せ、自分の意見に同意してくれるなら、江戸へ行くので十郎兵衛と左源太と三人で直接殿様に言上《ごんじょう》したい。お目通りが叶わないなら若殿様へ取り次ぎを願いたい。それもダメなら書面をもって願い出たい」と記されていた。

十郎兵衛からこの意見書を手渡され、対応を丸投げされた左源太は、甚三郎の改革案には一々同意を示しつつも、今は出府を思いとどまるよう説得することにした。実際には出されなかった左源太の返書草案には、当時の信順の様子が克明に記されている。その内容は次のとおりである。

殿様のご病気のことは誰もが存じていることですが、宮田様は遠く離れた吉田にいらして詳しくはご存知ないと思いますので、最近の様子を極内密にお伝えいたします。殿様の癇性《かんしょう》は、昨年以来全く良くなってはおりません。このご病気の症状は万事ご気随《きずい》であらせられます。お金のことには少しも頓着《とんちゃく》されず、ご不益の品々をお買い上げになられています。こうした浪費などはすべてご病気のせいです。殿様はこのようなご様子ですので、宮田様がご出府されても、お目通りをして直接言上することなどとても叶いません。また、若殿様は現在上屋敷から谷中下屋敷に移られ、上屋敷へは式日《しきじつ》や五節句くらいしかお見えになりません。殿様のご病気のため、文字どおり一通りのご対面をされるだけで、ゆっくりとお話をされるのは難しい状況で、とても本当の父子と言えるような間柄には見えません。そうした状況ですので、若殿様による取り次ぎも叶いません。

意見書についても、私は目付としてたびたび提出していますが、一向に取り合ってもらえません。家老から申し上げても聞き入れられないくらいなので、目付などではお会いにすらなりません。殿様はもともと賢君であらせられ、この状況はすべてご病気のせいですが、歎息《たんそく》するばかりで、時節の到来を待つほかはありません。

この草案は、筆の勢いにまかせて本音を書き綴《つづ》った感があるが、藩主父子の関係に触れた箇所はさすがにまずいと思ったのか、上から線を引いて消している。「癇性」とはささいなことでもすぐに怒ることであり、信順は「痰気」に加え「短気」になっていた。また、

「気随」とは勝手気ままに振る舞うことである。その上、浪費癖がついて無用の品物を買い漁《あさ》り、下の者の意見には少しも耳を貸さなくなっていた。これらはすべて病に起因するものであった。もはや左源太にできることは、ため息をつくことと、神仏の加護を祈ることしかなかった。「時節の到来」とは、表向きは信順の病気が全快した時としているが、その見込みが薄い以上、一日も早く賢明な若殿の藩主就任を切望しているとも捉えられる。

当初、甚三郎への返書は左源太一人の名で出すつもりであったが、左源太の書いた草案の内容はあまりにも赤裸々であった。そのため、これを見た十郎兵衛が忖度《そんたく》でもしたのか、結局は十郎兵衛と左源太の連名とし、穏やかな内容に直した返書を一一月一三日に出した。最終的に甚三郎は親類の家老深井藤右衛門の説得や江戸からの返書に応じ、出府を思いとどまった。

若殿のお国入り

老中を辞任して幕政から退いた信順には、他の大名と同様に参勤交代の義務が生じた。天保一〇年（一八三九）一二月、実に一五年ぶりとなる参勤交代をおこない吉田へ帰国することになった。しかし信順の病状は一向に回復せず、結局翌一一年一月一三日には病気のため江戸に留まりたいと願い出ることになった。

同一二年一月一六日には信順の生母恵覚院《けいがくいん》が病死した。病気に加え、母を失った悲しみは信順をさらに苦しめたことであろう。

同年四月一日、江戸城への定期登城を終えた信宝は上屋敷に立ち寄り、夕食後に信順のいる奥向きへ入っていった。これも左源太のいう一通りの対面であったのか、それとも込み入った父子の会話が交わされたのかは知る由もない。それから間もない四月七日朝、老中水野忠邦に対して、信順の名で次のような願書が提出された。


私は当夏に在所の吉田へお暇を頂戴して帰国する年ですが、持病の疝癪のため、しばしば腰痛になり、さらに逆上《のぼせ》・眩暈・頭痛が強く、長途の旅行は難儀いたします。当年は早春より時々症状が出ているので、大暑の時期はとりわけ覚束《おぼつか》ないと思われます。できることならば、同氏隼人正《はやとのかみ》信宝は年頃にもなっているので、名代《みょうだい》として在所へ差し遣わし、政事《まつりごと》も見習わせたいので、岡崎藩主本多上総介《かずさのすけ》忠民《ただもと》と交替でお暇《いとま》を下されますようお願いいたします。

病気の信順に代わって信宝を名代として帰国させ、藩政を見習わせることを願い出たのである。これは事実上の隠居予告といえる。なお、参勤交代は近隣の大名と入れ替わりでおこなわれることになっており、吉田藩主の場合は同じ三河の岡崎藩主や田原藩主と交代することが多かった。この願書が信順自身の意思によるものなのか、はたまた信順の隠居と信宝の藩主就任を望む者たちが動いた結果なのかはわからない。

その日の夕方には、願書の上部に「願いの通り、追って嫡子隼人正へお暇を下される」という附け札が貼られて返却され、滞りなく許可がおりた。嫡子が藩主名代として帰国するのは他藩では例があるが、伊豆守家としては初めてのことである。通常であれば願主である信順が老中水野のもとへお礼の挨拶《あいさつ》に出向くのだが、病気を理由に信宝が水野に対面して礼を述べた。

伊豆守家の当主が帰国する前には、菩提寺《ぼだいじ》である野火止《のびどめ》（埼玉県新座市）の平林寺《へいりんじ》にある歴代廟所《びょうしょ》へ参詣するのが慣例であった。名代に決まった信宝も、四月一一日に行列を揃えて江戸を発ち、翌日には平林寺を参詣し、先祖の墓前でお国入りが決まったことを報告した。

参勤交代の統括マネージャー

ここからは若殿お国入りの準備、すなわち参勤交代のアレンジメントの実態を大嶋左源太が記した『若殿様御名代として当夏吉田表へ入らせられ候《そうろう》につき諸事取扱留』という古文書をもとに見ていこう。

目付の重要な役目の一つが、参勤交代の統括マネージャーである。毎回、複数人いる目付の中から一人が参勤交代の担当者に任じられ、準備から実際の行列を終えるまでのすべてをマネジメントした。今回の参勤交代は六月におこなうことが予定されており、信順が帰国することを前提に、御供の人選や準備は二月中から進められていた。参勤交代担当目付には渡辺左忠《さちゆう》が任命されていた。左忠は左源太より三歳年下だが、目付に就任したのは同じく天保三年（一八三二）である。ところが、四月七日に信宝が名代としてお国入りすることが決定したため、再び御供の人選からやり直すことになった。

宿割・宿払・船割の人選

四月一四日、左忠は参勤交代をおこなうために重要な三つの役割を内定した。それは宿《やど》割《わり》・宿払《やどばらい》・船割《ふなわり》の三役である。彼らの手腕が、参勤交代を円滑に遂行できるかどうかを左右すると言っても過言ではなく、その人選を任される目付の責任は重い。

宿割とは、行列本体に先行して東海道を進み、宿泊予定の宿場町における旅籠屋《はたご》の選定や、旅籠屋ごとに宿泊する人を割り振る役である。今回は武具役の後藤幸蔵が選ばれた。

宿払とは、各宿場町における宿泊代・食料費・燃料費などの支払いをおこなう役であり、財政担当の役職者から選任された。大納戸《おおなんど》から選ばれることが多く、今回も大納戸の小田弥八郎《やはちろう》が担当することになった。大納戸とは、藩の表向きに関する調度品や備品の管理および金銭の出納《すいとう》をおこなう役職である。

船割は川割とも呼ばれ、東海道を横切る幾筋もの河川を渡る手筈《てはず》を整える役である。東海道は、中山道と違って平野部を通っていたため、幅広い河川の下流を横断しなければならなかった。江戸時代にはそうした大河川には橋が架けられていないことが多く、渡船を利用するか、川越《かわごし》人足に担いでもらわなければならなかった。特に東海道の遠江《とおとうみ》以東は橋が架けられていない川が多く、なかでも駿河と遠江の国境である大井川は東海道随一の難所として知られた。架橋されなかった理由として、以前は西から攻めてくる敵が容易に江戸へ入れないようにする防衛上の理由が主にあげられていたが、実際には架橋技術の問題や、渡船・川越によってもたらされる宿場町や従事する人々の利益を守るためであったと準備を進めよう。

この三役の仕事内容については、第四章・第五章で詳しく触れることにし、参勤交代の言われている。今回の船割には、右筆《ゆうひつ》の高城錠次郎《たかぎじょうじろう》と普請方の唯内今治《ただうちいまじ》の二名が選ばれた。

「御意」を示す殿様

今回の若殿お国入り道中行列の人数（供揃え）については、事前に信順から中老岩上九助《きゅうすけ》へ直々に「入部より減らし、平年の帰城よりは増やせ」という指示があった。「入部」とは藩主が初めてお国入りすることを指し、通常の帰国よりも規模を大きくしておこなわれるのが通例であった。今回は伊豆守家にとって初めてのケースで前例がなく、「入部」ではないものの若殿の初めてのお国入りであるから、行列の人数を「入部」と「帰城」の中間の規模に定めることになった。

この後も信順は行列の内容についてたびたび「御意」を示している。もちろん形式的に重要事項はその都度家老・中老から藩主にお伺いを立てるのだが、行列を飾る武具や馬具、行列の構成などには自ら進んで口を挟んでいる。隠居する目処《めど》がついたことで、信宝のお国入りを少しでも華々しいものにしてやりたいという親心が湧いてきたのであろうか。ただしその親心は経費が嵩《かさ》むこととイコールであり、担当者らにとっては決して有り難い話ではないのだが……。

行列人数の決定

左忠は、入部と帰城の前例となる道中行列の内容を記した帳面をそれぞれ用意し、入部の帳面には減員分を、帰城の帳面には増員分をメモした付箋《ふせん》を貼った。その上で、新たに「若殿様当夏御帰城御道中御行列帳」という帳面を作成した。さらに御供の役職と総人数の書付、持ち運ぶ道具類の増減の書付を用意し、これら帳面三冊と書付二通を四月一六日付けで中老九助へ提出した。このうち、御供の役職と人数を一覧にしたものが次ページの**表1**である。

翌一七日、九助が前日提出された書類一式を信順に見せたところ、入部と帰城の御供の総人数と、今回の増減分一覧を再度提出するように指示があった。左忠は早速取り調べ、要求された書類を提出した。御供の総人数は次のとおりである。

①入部の場合　総人数四一五人　内訳：士分六四人、足軽四一人、中間《ちゅうげん》三一〇人

表1　御供の役割と人数

士分	人数
家老	1
用人	1
者頭	1
目付	1
用役	2
宿割	1
宿払	1
船割	2
近習目付	1
小納戸	2
近習	10
中小姓	5
医師	2
徒頭	1
馬役	1
徒目付	2
供小姓	6
手廻	3
料理人	2
徒	9
計	54

足軽	人数
足軽小頭	1
下目付	2
坊主	6
足軽	18
小足軽	2
厩小頭	1
供廻小頭	2
計	32

中間	人数
中間小頭	2
供廻中間	36
中間	221
計	259

総計　345人

②帰城の場合　総人数二六五人　内訳：士分四八人、足軽三二人、中間一八五人
③今回の場合　総人数三四五人　内訳：士分五三人、足軽三三人、中間二五九人

内訳の士分は家中、つまり正規の藩士であるが、構成割合はいずれのパターンも二割に満たない。なお吉田藩の場合、家中は「役人以上」「独礼《どくれい》以上」「目見以上（小役人格）」「目見以下（徒格《かちかく》）」という「四つの格」に大別されていた。第一章で紹介した島原扈従《こしょう》の家から「役人以上」の役職に就く者が多かった。足軽は、者頭《ものがしら》などの「役人以上」に配属され、門番や見回りのほか各種雑務に従事し、家中には含まれなかった。**表1**と③を見比べると、士分と足軽の人数が異なるが、**表1**では足軽の一人が「徒格」として徒に含まれているのであろうか。徒は最下層ではあるが家中に含まれ、優秀な足軽が徒に取り立てられることもあった。中間は非武士の武家奉公人で、その多くは人材派遣業者である人宿《ひとやど》三河屋（第三章で詳述）からの派遣であった。

ところで、東海道二川《ふたがわ》宿があった豊橋市二川町では、平成三年から毎年一一月に吉田藩主松平伊豆守の大名行列を模した「二川宿本陣まつり　大名行列」を開催している。華やかなお姫様や女中たちが含まれるなど、通常の参勤交代とは異なる構成ではあるものの、

行列の総人数は約三〇〇人であり、図らずも？　本物とほぼ同規模でおこなわれている。

左源太登場

六月のお国入りが差し迫るなか、四月二四日に参勤交代担当目付の渡辺左忠が使番《つかいばん》に昇進するという人事が発表された。参勤交代の準備をしている大事な時期に担当目付が交代するというのは異例である。左忠のピンチヒッターを命じられたのは、大嶋左源太であった。後述するように御供の主要メンバーに若殿の側近経験者が多い。左源太が以前若殿の守り役であったことが交代の要因であったのかもしれない。この後、左源太は若殿のお国入りが成し遂げられるまで奮闘することになる。

左忠が就任した使番は、本来戦場における伝令役である。伊豆守家の参勤交代では、入部の際にのみ行列の先頭を騎馬で務めるが、通常の帰城では御供しない役職であった。今回は信順の意向により、使番が行列に加わることになった。その人選について、中老岩上九助は行列の準備を担当していた左忠こそが適任と判断し、左源太に対し左忠の意思を確認させた。しかし、左忠は転役したばかりで引っ越しもあるので、その件はご容赦願いたいと固辞した。後日、御供の使番に指名されたのは、中老九助の嫡男岩上金三郎《きんざぶろう》であった。

四月二六日、行列御供の主要メンバーが御用所《ごようしょ》に呼び出された。御用所とは家老と中老の執務室のことで、藩の最高執政機関を指す言葉でもある。そこで御供の筆頭を務める予定の月番家老関屋弥一左衛門《やいちざえもん》から、正式に御供の任命がおこなわれた。呼び出されたのは、若殿付き小姓頭兼用人《ようにん》の福富平太夫《へいだゆう》、目付の大嶋左源太、若殿付き用役《ようやく》（側衆）の春田孫兵衛と村井有右衛門《ゆうえもん》、宿割の後藤幸蔵、宿払の小田弥八郎、船割の高城錠次郎の七名である。もう一人の船割である唯内今治は藩士としての格の違いにより呼ばれていない。この時から、いよいよ具体的な準備に取りかかる。

特に多忙になったのが宿割の後藤幸蔵である。二六日のうちに上屋敷の二階に臨時の仕事部屋が与えられ、左源太から文政二年（一八一九）の信順入部時の帳面をはじめとする参勤交代関係の諸資料を渡された。さらに人宿《ひとやど》（人材派遣業者）の三河屋を呼び出し、昼《ひる》休《やすみ》と宿泊地の選定および道中における支障の有無の調査を依頼した。三河屋はいくつもの大名家の参勤交代を請け負っていたことから、こうした旅行代理店のような役目も果たしていた。三河屋から休泊地の素案が提出されたのは五月一日で、以後両者の間で日程をめぐって幾度も交渉が持たれることになる。

先例と現実の間で

御供のメンバー選定も進められていくが、さまざまな問題が発生して左源太を悩ませた。用人は騎馬で御供をするのが決まりであったが、今回御供する当時六〇歳の福富平太夫から、乗馬はできないので駕籠《かご》で行きたいという申し出があった。そこで目付同士で相談した結果、用役の春田孫兵衛を一段格上の用人扱いに引き上げ騎馬にしたらどうかという案が出た。しかし役職によって引き連れる供の数が違うため、それでは孫兵衛の供を増やさなければならず、手当金も余計に出さなければならなくなる。そのため表向きは平太夫を騎馬とし、内実は駕籠に乗り、左源太はそれを内密で承知するという方法に落ち着いた。

しかし左源太がこの目付案を平太夫に伝えたところ、すでに中老を通して騎馬での御供の断りを入れ、孫兵衛が騎馬で御供をするということが信順の耳にも届いているので、もはや内々に事を済ませるのは無理だと返答してきた。用人は目付より上位の役職であるとはいえ、目付の判断を待たずに藩主にまで話を通してしまったのは早計であった。

左源太はすぐさま勘定人頭取の藤倉義助を呼び寄せた。勘定人頭取という役職は、藩の経理事務を担当する勘定人を束ねるとともに、御用所における秘書官的な地位にあった。義助を通じて御用所へ考えを確認したところ、実は家老たちも最初から目付案と同じことを思っていたとのことであった。いくらなんでもそれは偽りであろうが、やはり出費を抑えられる目付案のほうが現実的であった。最終的には、当初の予定どおり平太夫が騎馬で御供する旨を家老から信順へお伺いを立てて許可された。この後に作成された「御供役割帳」には、福富平太夫の名前の上に「宿々騎馬」と記されており、宿場町では騎馬で通行することとされているが、もちろん現実には駕籠に乗って御供したのである。

御供の藩士たちは、役職や俸禄に応じて若党《わかとう》や道具持ちなどの供を連れていかなければならなかった。高給取りの重役などは各自で抱えている家来や下人がいたが、多くは藩から貸人《かしにん》として、参勤交代の間だけ足軽や中間を借りる必要があった。しかし、当時の足軽は財政難から欠員が多く、必要な人員を確保できずにやむなく人数を減らすことになった。先ほどの福富平太夫の場合、用人であれば若党一人を足軽から出してもらうのが先例であったが、足軽を率いる者頭から断られたため、平太夫自身の配下でもあり奥向きの雑事をおこなう小足軽のうちから一人を連れていくことになった。また、船割には四人の足軽が付けられるのが先例であったが、二人に減員されてしまった。しかしそれでは支障があったようで、後に別の下級藩士二名を連れていくことが承認された。

人員および経費削減が図られる一方で、信宝の駕籠を担ぐ陸尺《ろくしやく》は通常の八人から一〇人に増員された。これは江戸市中とは違い、初めての道中であることを意識した信順の強い意向によるものであった。

複雑怪奇な人数計算

各自で連れていく供の人数の算出方法の一つとして、給与額の差異による基準が設けられていたが、その計算が一苦労であった。現代のサラリーマンであれば、給与は基本的に日本円であるから他者と比較しやすい。ところが武士の給与体系は複雑で、給与の種類からして①知行・②切米《きりまい》・③扶持米《ふちまい》・④給金（給銀）に分かれていた。①知行は「高何百石」という形で与えられた。本来であればその分の土地が与えられるのだが、多くの藩と同様に吉田藩では蔵米知行を採用しており、藩が集めた年貢米（蔵米）から、一石につき米四斗《と》（＝米一俵）を支給された。②切米は俵切米と石切米に分かれ、「何十俵」「切米何石何斗」という形で与えられた。ただし、俵切米の場合の米一俵は米三斗五升《しょう》の計算であった。③扶持米は労働の対価として支給される飯米である。「何人扶持」という形で、一人扶持は一日あたり玄米五合《ごう》で計算された。そのため大の月（三〇日間）と小の月（二九日間）で異なり、年間でも大小の月の数や、閏月《うるう》がある年とない年とで変わった。役職手当である役料もこの扶持米で支給された。④給金は「金何両何分」「銀何枚」「銀何匁《もんめ》」といった形で支給された。武士の給与は米が基本だが、給金は現金（現銀）支給である。また、扶持米のみが日当計算で、ほかの三つは年俸制である。さらにこれらは併用されたので、「高何十石役料何人扶持」とか「切米何石何人扶持」という形になる場合が多かった。これだけ支給方法が異なり、さらに藩の財政難による給与カット分も計算するとなると、藩士間での給与比較がいかに難解であるかがご理解いただけるだろう。

御供に選ばれた藩士は、年収の額によって連れていく供の人数が決められていた。年収の額はいくつか基準値が設けられていたが、その比較は難解であった。実際の計算を一例紹介しよう。村上郡治《ぐんじ》はまだ家督を継いでいなかったが、近習《きんじゅ》目付を務めていたため、八人扶持を与えられていた。これを米に直すと三四俵五分三厘《りん》六毛《もう》となる。このうち給与カット分の三俵三分一厘七毛を引くと三一俵二分一厘九毛となり、これが郡治の年収になる。比較するのは、基準値の一つ「切米一〇石二人扶持」である。これを俵数に直すと三一俵一分三厘四毛で、郡治の年収はこの値をわずかに超えていることがわかる。「切米一〇石二人扶持」以上は貸人一人と手人《てにん》（自前の供）一人を供として連れていく規則であったが、左源太が財務担当者と相談し、基準値を超えた分も些少《さしょう》であることから供を一人としてよいことになった。ただし貸人とするのはいかがかという意見があり、親が知行取でもあったことから、手人一人を連れていくことに決まった。基準値とは言いながらかなり柔軟に対応していたようだ。

同じ役職であっても、格によって貸人の数に差異が生じた。今回の御供の料理人は畑右七と林甚太郎《じんたろう》の両名であった。右七は「小役人格」であったため貸人一人、甚太郎は「徒格」であったため貸人半人が割り当てられた。

格差への柔軟な対応

先に見たとおり、今回の御供メンバーには若殿付きの用役である春田孫兵衛と村井有右衛門が入っていたが、本来御供の用役は一人でよかった。そこで、二人の上役の福富平太夫が、左源太に提案を持ち掛けてきた。それは、使番の岩上金三郎を御供から外し、孫兵衛を道中において使番として扱うというものであった。ちなみに用役のほうが使番よりも格下である。実はこの案は左源太も考えていたことであり、すでに中老岩上九助へ提案していたものの断られていたため、今更蒸し返すことは難しいと難色を示した。九助と金三郎が親子であることも関係していたのかもしれない。それでも平太夫は引き下がらず、押し切られた左源太は、九助ではなく家老の関屋弥一左衛門へ内々に進言した。この提案も経費削減になるため今度は聞き入れられ、金三郎は御供の任を解かれた。

使番と用役の関係のように、同じ家中の御供であっても明確な格差が存在した。江戸時代の身分制社会の厳しさを表現するため、以前は「士農工商」という用語が教科書などでも使われていたが、これは社会を構成する職業を並べた言葉であって、格差の順に並べたわけではない。しかし、武士と呼ばれる身分の中での格差はきわめて厳格であった。それは武士が軍隊の構成員であるからにほかならない。総大将をはじめとして、各部隊の指揮官から足軽・雑兵にいたるまでさまざまな階級・役割があり、指揮命令系統が存在した。吉田藩士の「四つの格」や給与の種別、各自が連れていく供の規定などの格差は、すべて軍隊での位置付けや軍役負担から生じたものである。

また、江戸時代は先例主義であったと言われる。左源太も先例に基づいて参勤交代の準備をすすめているが、ただ先例に従うのではなく、福富平太夫の騎馬問題をはじめとして随所で現実的な手段を模索していた。

No.	役職	氏名	職務内容	種別	備考
24	中小姓	村松生之進	2人ずつ御供。(行列帳では4人)4人は昼休・宿泊とも先に本陣へ参上し、宿泊本陣では2人ずつ泊番を務めること	道中計	
25	中小姓	児玉助三郎		道中計	
26	中小姓	藤倉常三郎		道中計	
27	中小姓	栗原勘介		道中計	
28	中小姓	中村領治		道中計	
29	中小姓	甲崎栄三郎		道中計	
30	医師	石川宗活	御供し、泊番を務めること	詰切	
31	医師	大内意仙		道中計	
32	徒頭	関根忠助	宿々御供	道中計	
33	馬役	岡本円助	宿々御供	詰切	
34	徒目付	斎藤純三郎	御供宿々は2人、野間は1人ずつ	道中計	
35	徒目付	石井三蔵		道中計	
36	供小姓	渡辺六郎	具足櫃付き　1人(供小姓) 刀箱・革長持付き　1人(手廻) 大小刀筒付き　2人(供小姓) 跡供　1人(手廻)	道中計	
37	供小姓	見上源次郎		道中計	
38	供小姓	武谷伴右衛門		道中計	
39	供小姓	周東大助		道中計	
40	供小姓	長塩藤蔵		道中計	
41	供小姓	金谷貞三郎		道中計	
42	手廻	久津岡札右衛門		道中計	
43	手廻	重本辰太郎		道中計	
44	手廻	本田常蔵		詰切	加藤五平の代理
45	手廻	小林勝蔵	宿泊本陣へ先に参上すること	道中計	
46	料理人	畑右七	宿泊本陣へ参上すること	詰切	小役人格
47	料理人	林甚太郎	昼休本陣へ参上すること	詰切	徒格
48	徒	磯部平作	昼休・宿泊・城下では 全員御供。 宿々では6人ずつ御供 野間では3人ずつ御供	道中計	
49	徒	岡部彦兵衛		道中計	
50	徒	船津卯助		道中計	
51	徒	本田和助		道中計	
52	徒	田中源内		道中計	
53	徒	松下半次		道中計	
54	徒	松井新八		道中計	
55	徒	斎藤仁三郎		道中計	
56	徒	諏訪友次		道中計	渡辺善次に交代
57	坊主	畔野茂十郎	宿泊本陣へ参上すること	道中計	足軽身分
58	坊主	祐喜	昼休本陣へ先に参上すること	道中計	足軽身分
59	坊主	清才	宿泊本陣へ参上すること	詰切	足軽身分
60	坊主	源喜		道中計	足軽身分
61	坊主	友才	近習坊主加役、1人ずつ御供	道中計	足軽身分
62	坊主	嘉清		道中計	足軽身分

表2　御供役割帳

No.	役職	氏名	職務内容	種別	備考
1	家老	関屋弥一左衛門		道中計	
2	用人	福富平太夫	宿々騎馬。(実際は駕籠)	詰切	若殿付き
3	者頭	小田清太夫	昼休本陣へ立ち寄り、注意事項を村井有右衛門へ伝達し、宿泊本陣へ参上して使者の取次役を務める。毎夜4つ時頃まで本陣へ詰め、4つ時・8つ時に巡回して弥一左衛門へ報告すること	道中計	
4	使番	春田孫兵衛	先乗披露と道中使者を務める。宿泊本陣へ参上し、若殿様の世話をすること。注意事項を近習目付・小納戸と決めておくこと。使者の取次役が不足の際はそちらも心得ること	詰切	岩上金三郎の代理 若殿付き
5	目付	大嶋左源太	使者の取次役を務め、本陣泊番の面々へ注意事項を伝えて確実に務めさせること。泊番の面々の名簿を弥一左衛門へ提出すること。御供の宿割を兼ねて務めること	道中計	元若殿付き
6	船割	高城錠次郎		道中計	
7	船割	唯内今治		道中計	
8	宿割	後藤幸蔵		道中計	
9	宿払	小田弥八郎		道中計	
10	用役	村井有右衛門	宿泊先へ参上し、若殿様の世話をすること。使者の取次役が不足の際はそちらも心得ること。泊番の注意事項を近習目付・小納戸と決めておくこと。昼休にも参上し、若殿様の世話をすること	道中計	若殿付き
11	近習目付	村上郡治	昼休・宿泊とも先に本陣へ参上し、春田孫兵衛・村井有右衛門へ申し合わせ若殿様の世話をすること。小田清太夫が到着するまでに使者が来た場合は、取次役を務めること。若殿様到着の前に詰めている近習・中小姓の差配を滞りなくおこなうこと	詰切	
12	近習	内田両助	宿泊本陣へ先に参上すること	道中計	若殿付き
13	近習	村上直之丞		道中計	若殿付き
14	近習	小田彦之進		詰切	
15	近習	金子熊蔵	昼休本陣へ参上すること	詰切	若殿付き
16	小納戸	村上武助	1人ずつ御供し、道中で使者や訪問客があれば披露すること	詰切	若殿付き
17	小納戸	福富台助		道中計	
18	近習	中川千三郎	3人ずつ御供し、道中で使者や訪問客があれば披露すること	道中計	
19	近習	野田平三郎		詰切	若殿付き
20	近習	春田林蔵		道中計	
21	近習	関根賢之進		詰切	
22	近習	村雨弥六		道中計	
23	近習	田村力五郎		道中計	

選抜メンバーの発表

五月二日、御供する家中（士分）の名前と役割を記した「御供役割帳」が完成し、左源太から御用所へ提出した。同四日、中老の意見により、福富平太夫は「道中計《どうちゅうばかり》（吉田へ着いたらすぐに江戸へ戻ること）」から「詰切《つめきり》（吉田へ着いたら次の江戸参府まで滞在すること）」へ変更、村井有右衛門は「詰切」から「道中計」へ変更されたため、直ちに書き直して再提出した。また、同日には行列の出発（御発駕《ごはつが》）が六月二一日に決定したことが発表された。

翌日は五月五日の端午の節句であり、全藩士が出仕する日であった。そのため、これは呼び出す手間が省けて好都合と、この日に「御供役割帳」の拝見が実施された。その内容に補足を加えたものが前ページの**表2**である。実はこの時期の吉田藩に関する史料は少なく、御供の選抜メンバーがどのような役職に就いていたかはっきりとはわからないのであるが、少なくとも九人は若殿付きまたはその経験者であり、ほかのメンバーも若殿付きを中心に選ばれた可能性が高い。

道中法度を叩き込め

五月二二日には御供のメンバーに対して、関屋弥一左衛門の名で一〇ヵ条からなる道中法度が発令された。参勤交代の道中における重要規則であるので詳しく見てみよう。

一、道中の行列は順番を守り入り乱れることなく、無礼な振る舞いをしないよう慎み、がさつな行為をしてはならない。

一、宿泊地・休憩地では宿割の指示を守り、宿の善し悪しや批判を言うことなく、騒がしくしないように心得ること。河川の渡し場では船割の指示に背いてはならない。

一、河川を渡る場合は、船の場合も徒歩の場合も行列のように順番を守り、先頭から最後尾まで入り乱れないこと。船で渡る場合・徒歩で渡る場合・橋を渡る場合のどれであっても、右側の者が先へ、左側の者が後ろになって渡ること。もし一同で渡る時は順番に進み、後ろの者ほど川下を通るようにすること。渡し場の前後では騒がしくしないように心得ること。

一、喧嘩《けんか》・口論は絶対にしてはならない。大酒も禁止する。

一、押し買いや狼藉《ろうぜき》は禁止する。少しの料金であっても素直に支払うこと。旅籠代（宿泊料）や馬代（運賃）など、場合によっては証文を取ること。

一、宿泊地・休憩地では火の元に注意し、道具などを避難させる場所をあらかじめ確認しておくこと。万が一出火した場合は、役人の指示を受け、本陣に集合すること。

一、川止めなどで逗留《とうりゅう》する場合は、みだりに徘徊してはならない。

一、諸役人の指示には、何があっても背いてはならない。

一、荷物の重量については、以前から幕府の法令が出されているので、規定の重量を超えないように注意すること。

一、荷物類などには合印《あいじるし》（ちぎりマーク⧗）を欠かさずに付けること。

大名行列はもともと軍隊の行軍であるため、きっちりと並び順が定められており、いかなる時でもそれを乱さず、上役の指示を厳守することが求められた。宿の批判、ケンカや過度な飲酒のように、規律を乱す行為や主君の評判を貶《おとし》める行為は固く禁止された。

荷物に付けた合印は、もともと戦場で敵味方を区別するためにつけたお揃いの印で、伊豆守家では宝永《ほうえい》地震により被災した駿府城の修復を担当した際に、ちぎりマークを合印と定めた。「ちぎり（千切り・契り）」とは織機に取り付けた糸を巻く工具のことで、鼓《つづみ》を立てた形に似ていることから「立鼓《りゅうご》」とも言う。木材の接合に使う板片も形が似ていること から「ちぎり」と呼び、二つのものをつなぎ合わせるという意味も込められている。「ちぎり」は伊豆守家の馬印としても用いられており、まさに家中の絆《きずな》をつなぎ合わせるシンボルであった。なお、吉田藩があった豊橋市の現在の徽章は、このちぎりマークをもとにしている。

道中法度が書かれた紙の後半部には御供の氏名が列記されており、拝見して胸に刻み込んだ者は自分の氏名の下に判を押した。なお、この氏名も格上の者から順番に書かれ、格が変わる場合には広く間をあけ、格の違いがひと目でわかる形で示されていた。

道中法度と同時に音信贈答は無用とする通達も出された。これは倹約令の一種であり、御供と見送る側の相互で餞別《せんべつ》や贈り物、接待などが禁止された。さらに吉田にいる親類や知人への土産《みやげ》も一切無用とされた。

大鳥毛槍の新調

大名行列は主人の武威を示すため、多くの武具や馬具で飾り立て、次第に華美になっていった。特に槍は「道具」と呼ばれ、武威のシンボルとして尊重された。『武鑑』には各大名の道具が図示されているように、道具はその行列の主人が誰であるかを見分ける重要な判断材料であった。信順は柄の部分に青貝螺鈿《らでん》細工を施した槍を用いており、信宝にも引き継がれた。

参勤交代で用いる武具・馬具類の準備は、目付ではなく、勝手方（財務担当）と武具役が担当した。用意したのは、大鳥毛槍《おおとりげやり》・台笠《だいがさ》（棒の先に笠を付けて布で包んだもの）・立傘（日除け用の長柄傘）・竪弓《たてゆみ》・弩瓢《どひょう》（矢を入れる道具）・幕・船印・夜中船印提灯・看板（足軽・中間用の衣類）、そして馬具全般であった。これらは道中において人々に主君の武威を示す道具であるから、みすぼらしいものであってはならず、参勤交代ごとに修復、場合によっては新調された。

行列のシンボルとなる大鳥毛槍の鳥毛鞘《さや》は新調することになり、入札がおこなわれた。当初は表面に鳥毛を植え、裏側には金箔を貼る仕様であったが、ここで信順が待ったをかけた。より豪華に見せるため、裏側にも表面と同様に鳥毛を植えることを指示したのである。その結果、金額は元の落札額よりも高額な金一五両三分二朱になってしまった。

図2 『武鑑』

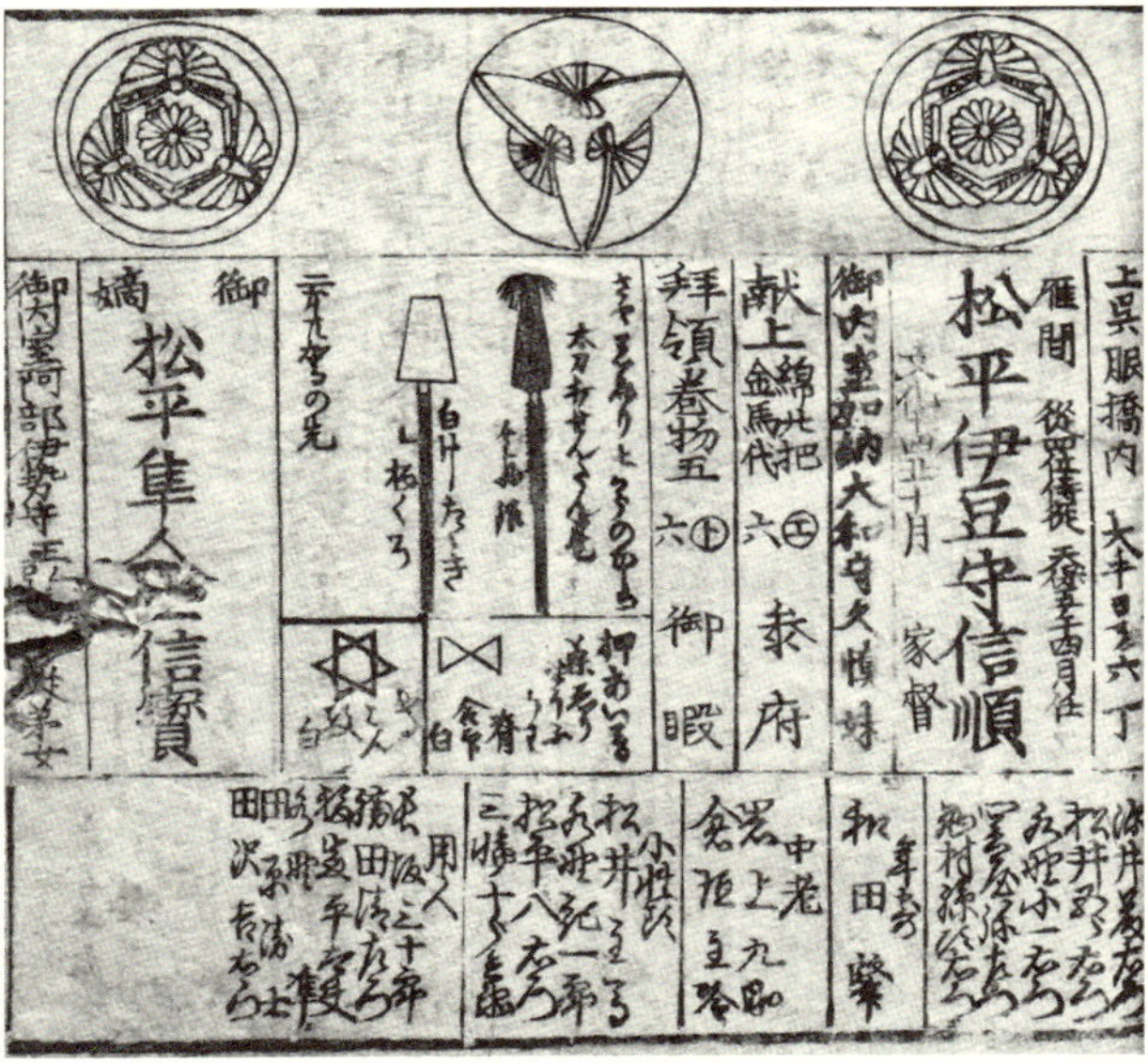

松平伊豆守信順
溜間
家督
松平隼人信寳

松平伊豆守家記載部分（天保12年。国立公文書館蔵）

虎皮の鞍覆と天保の改革

行列に加わる信宝用の馬は四匹であった。お召し用とお召し替え用、そして先馬二匹である。それぞれの馬は鞍・鐙《あぶみ》・切付《きつつけ》・泥障《あおり》など豪華な馬具で飾り立てられた。信宝自身は基本的に駕籠に乗るため、鞍には保護カバーの役目を果たす鞍覆《くらおおい》が掛けられた。そして、この鞍覆が問題となった。

幕府は以前から華美になる大名行列を規制する触書をたびたび出しており、安永《あんえい》五年(一七七六)には虎皮の鞍覆などの使用を規制した。使用を許可されたのは、徳川一門や特定の国持大名などに限られていた。伊豆守家は許可されていなかったが、幕府の要職である大坂城代や京都所司代としての「御用道中」では、藩祖信綱が使用したと伝わる虎皮の鞍覆を使用していた。もちろん通常の行列では使用していなかったのだが、今回の信宝の行列では虎皮の鞍覆を使用したいと、五月一〇日付けで老中に対してお伺いを立てていた。

ところが、いつまで経っても返答がないので、勝手方の安松《やすまつ》八郎右衛門から中老岩上九助に対して「この様子では許可が下りるのは難しいのでほかの品にしてはどうか」と進言した。九助は「猟虎《らつこ》の鞍覆を使用したい」として再申請するよう指示した。八郎右衛門は、またまた許可が下りなかったら一大事であるとして、左源太に相談を持ちかけ、今回は中請せずに猟虎の鞍覆を使用することになった。その結果、お召し用には菖蒲革《しょうぶ》、お召し替え用には羅紗《らしゃ》、先馬には猟虎と熊毛の鞍覆を用いることになった。

すでに虎皮の鞍覆の使用をあきらめ、出発予定日も間近に迫っていた六月一八日、ようやく老中水野忠邦からの返答が届いた。内容は「御用道中以外は、参勤交代の道中などで虎皮の鞍覆を使用してはならない」というものであった。さらに、御用道中以外での使用禁止は信宝ばかりでなく、信順にも適用されるとされた。江戸時代後期になると安永五年の触書は形骸化し、無許可で虎皮の鞍覆を使用している大名もいたのだが、吉田藩の場合は「正直者が馬鹿を見る」という状況になってしまった。実はこの時期は幕府が天保の改革を開始した直後であり、徹底的な華美や奢侈《しゃし》の禁止を掲げた忠邦による改革のあおりをまともに受けたのである。

宿の予約はお早めに

五月一日に三河屋から休泊地の案を受け取った宿割の後藤幸蔵は、御用所の許可を得て、同五日に休泊予定の各宿本陣宛てに、左源太・幸蔵・宿払小田弥八郎の三人の連名で、次のような先触廻状を出した。

伊豆守殿の名代として嫡子隼人正殿が、当夏在所へのお暇を賜ったので、六月二一日に江戸を出発する。その節各宿本陣へ休泊するので心得ておくように。もし差し障りがあれば速やかに知らせること。なお、六月までにほかから先触が届いている場合はその日限を知らせること。

この時点での休泊予定地は、通常と同じく六泊七日を予定していた。

一三日になって、戸塚宿の本陣から「六月二一日は播磨《はりま》山崎藩主本多大和守《やまとのかみ》と近江《おうみ》水口《みなくち》藩主加藤能登守《のとのかみ》の先触が届いているため宿泊はお断りします」という書状が届いた。一軒の本陣を同時に複数の大名が使用することはできず、先約が優先されたため、休泊の予約は早めにしておかなければならなかった。

同月一九日、幸蔵の頭を悩ませる事態が起きた。信順の天の一声により、信宝が新居《あらい》宿で一泊することになり、日程が七泊八日に延びたのだ。新居は吉田藩の飛び地で、今切《いまぎれ》関所（新居関所）が存在する重要地点であることから、この地を信宝に見学させようというのだ。幸蔵は直ちに三河屋へ休泊地の再調整を依頼した。二一日には三河屋から新しい休

表3　先触の内容と先約

利用月日	5月5日の休泊の先触		5月23日の休泊の先触	
6月21日	休	川崎　田中兵庫	休	川崎　田中兵庫
	泊	戸塚　沢部九郎右衛門	泊	戸塚　沢部九郎右衛門
6月22日	休	大磯　小島才三郎	休	大磯　小島才三郎
	泊	小田原　清水伝左衛門	泊	小田原　清水伝左衛門
6月23日	休	箱根　天野平左衛門	休	箱根　天野平左衛門
	泊	沼津　清水助左衛門	泊	三島　樋口太郎兵衛
6月24日	休	吉原　神尾六左衛門	休	吉原　神尾六左衛門
	泊	江尻　寺尾与右衛門	泊	由比　岩部郷右衛門
6月25日	休	岡部　内野九兵衛	休	府中　望月治右衛門
	泊	金谷　川村八郎左衛門	泊	岡部　内野九兵衛
6月26日	休	袋井　田代八郎右衛門	休	金谷　川村八郎左衛門
	泊	浜松　杉浦助右衛門	泊	袋井　田代八郎右衛門
6月27日			休	浜松　杉浦助右衛門
			泊	新居　疋田八郎兵衛
6月28日			休	二川　馬場彦十郎

泊地案が提出され、二三日に前回同様三人の連名で先触廻状を出した。五日と二三日の休泊予定を比較したものが前ページ表3である。沼津と江尻はそれぞれ不都合があり宿泊できなくなったため、三島と由比への宿泊に変更された。事前に宿泊を断ってきた戸塚本陣へは、先約の山崎藩と水口藩の予定が変わったらすぐに知らせるように依頼し、戸塚宿泊の予定は変更しなかった。参勤交代の旅行日程は川止めや藩主の病気などで突然変更になることも珍しくなかった。

二九日、別件で江戸へ出てきた戸塚宿本陣沢部九郎右衛門が幸蔵と面会した。目的は先約状況の報告で、山崎藩は吉田藩の予定日と同じ六月二一日で決定、水口藩は六月一八日から二二日の間を予定しているが、まだ出発日が決まっていないことを伝えた。

その翌々日の六月二日、宿継ぎで回覧された先触廻状が戻ってきた。廻状に先約があると書いてきたのは、戸塚・大磯・小田原・箱根の四宿であった。六月は参勤交代シーズンで東海道が混雑するため、すんなりと予約を取るのは難しかった。

とりあえず山崎藩と水口藩の予定がわからなければ先へ進めないので、内々に用人を通して両家へ探りを入れると、水口藩は一九日出発、山崎藩は二一日出発と判明した。山崎藩とのバッティングが不可避となった吉田藩が選択したのは、出発日の順延であった。

参勤交代の際、宿割は行列本隊に先行して進み、各宿場で本隊を迎える準備をしなければならない。通常であれば宿割は本隊より一日多い七泊八日の日程なのだが、今回は本隊の日程が一日多いため、左源太は幸蔵の日程も一日増やして八泊九日にするかどうかを勝手方に相談した。コストカットが至上命令である勝手方の答えは端《はな》から決まっている。「七泊八日で行け」である。ただし、どうしても手間取ることがあれば八泊九日でも致し方なしという温情的条件が付けられた。結果は、嘘かまことか道中で思いのほか手間取ったとして八泊九日であった。

名入りの関札は持参

宿割の仕事として重要なものの一つが、主人の名前を記した関札《せきふだ》と掛札《かけふだ》の準備である。関札は宿札《やどふだ》とも呼ばれ、大名が宿泊する宿場の入り口や宿場内に設置された。宿泊の場合は本陣を中心に周囲の旅籠屋も貸し切ることになるので、貸し切り範囲がわかるように宿場内の二ヵ所に設置し、関札と関札の間は「御城内」も同然であるとされた。宿場全体を貸し切る場合は、宿場の東西の入り口にそれぞれ掲げることになった。掛札は主に昼休時に本陣の門前に掲げられた。この掛札もまとめて関札と呼ぶこともある。どちらも木また

図3　昼休用の掛札（豊橋市二川宿本陣資料館蔵）

は紙で作られ、木製関札の大きさは、吉田藩では縦約一〇〇センチメートル、横約二四センチメートル、厚さ約二・四センチメートルとされた。掛札はこれよりも一回り小さかった。宿泊用の関札は「松平伊豆守宿」、昼休用の掛札は「松平伊豆守休」のように書かれ、一日で誰が本陣を利用しているかがわかるようになっていた。名前に敬称が付いていないのは、出迎える側の本陣や宿場ではなく、利用する大名側が持参したためである。ただし、代金を支払って本陣で作成してもらうこともあった。名前の横には日付が記入され、基本的には一度しか使用せず、使用後は利用した本陣に置いていったが、節約のため日付を入れず使い回すこともあった。

吉田藩主の入部の場合、通常の六泊七日の日程であれば宿泊用の関札一四枚、昼休用の掛札八枚が準備されたが、今回は一日多いので関札一六枚、掛札九枚を持参した。関札と掛札の文字は右筆が墨書し、出来上がると家老・中老へお披露目された。道中では、かさばる関札を運ぶため専属の足軽が宿割に同行した。

御供たちの旅支度

御供に選ばれた藩士たちも各自で旅支度をすすめるのだが、準備や旅行中の金銭が必要になる。それを賄《まかな》うための制度が、催合《もやい》金と拝借金である。催合金は藩士たちが俸禄の高に応じて出資した金銭を積み立てておき、御供を命じられた藩士へ資金を分配するという相互扶助システムである。拝借金は藩庫から金銭を融資するもので、利子を付けて返済する必要があった。催合金と拝借金の基準は次ページ**表4**のように定められていた。目付の左源太の場合は、催合金三分と拝借金一両三分の計金二両二分を受け取ることになる。この表から、催合金の出資人が家中の「四つの格」のうち「役人以上」と「独礼以上」の上位二つに所属し、なおかつ給与が石切米取を除外した者であり、彼らの中で分配されたことがわかる。「役人以上」の中でも最上位の家老と小姓頭は高給取りのためか分配対象に

表4 催合金と拝借金の基準

役職、格付け	催合金	拝借金
用人	1両2分	3両2分
者頭	1両	2両
目付	3分	1両3分
馬廻より吟味役まで	2分	1両1分
上記以下中小姓まで	1分2朱	3分2朱
石切米、小納戸より吟味役		1両2分
石切米、上記以下中小姓まで		1両　2朱
小役人より徒格まで		2分2朱
徒		2分

〔参考〕
天保13年（1842）の公定相場
　金1両＝銀60匁＝銭6500文

金貨の単位
　1両＝4分＝ 16朱
　　　1分＝ 4朱
　　　1分＝100疋（疋は贈答用の単位）

含まれていないものの、出資人には加わっていたと考えられる。

そのほかに出張手当として路用金が支給され、こちらも格によって内訳や金額に差異があった。左源太の場合は、本馬一匹代（銭五貫《かん》五五八文）・主従三人分の昼食代（銭一貫一二四文）・供の草鞋《わらじ》代（銭六〇〇文）・自分で雇う草履取《ぞうりとり》の賃銀（銀三一匁）が支給され、金に換算すると合計金一両二分と銭四二九文になった。

経費のチケット制

道中でかかる諸経費のうち、各宿場の人馬代・宿泊代・朝夕の食事代・川を渡る際の渡し賃は事前にチケット（札）が配布された。それぞれの場所でチケットを渡して利用し、後から宿払が回収したチケットの枚数に応じて精算していくという方式である。

このチケット制については宿払から要望が出た。先例では各宿の本陣における食事は一食につきチケット一枚を集めていたが、毎回正しい数が揃わず困っていた。そこで、宿泊代のように一人一枚とし、チケットにそれぞれの名前を書くように変更したいと、宿払の小田弥八郎から宿割の後藤幸蔵へ相談があった。左源太らが評議した結果、それでは逆に間違いが多くなり、本陣のほうでも一回の食事でお膳と引き替えにしていることから、先例どおりでいくと回答した。通常であれば一泊二食なのだが、場合によっては朝夕どちらかしか食べずに出発する者もいたので、各人で食事回数が異なったからであろう。ただし、チケットに名前を書いておくという案は認められた。先例にとらわれず、改善していこうという姿勢が見受けられる。

こうして見ると、交通費や宿泊代、食事代など、旅をするのに必要最低限の部分が公費負担であったことがわかる。その分、藩の出費は嵩むことになった。

催合金と拝借金・路用金・チケットは六月一二日に勝手方から御供の藩士たちに渡された。行列に先立って吉田へ運ぶ御用荷物や個人荷物は、一六日に指定場所へ持ち込んだ。荷物の重さは一つに付き九貫目《かんめ》（約三四キログラム）までとされた。特に吉田へ詰切の藩士は個人荷物をたくさん送ることになった。

詰切になる御供は、跡継ぎの男子がいない場合は先例にしたがって仮養子届を出さなければならなかった。もし詰切中に不慮があった場合はその家が断絶してしまうので、同じ家中の次三男や親戚筋の者などを仮養子に指名して万が一の場合に備えた。無事に戻ってきたら、この届書は本人に返却された。これは大名も同じであり、嫡子がいないまま参勤交代をおこなう場合には、幕府に仮養子を届け出なければならなかった。

吉田藩にもあった『超高速！参勤交代』

平成二六年に公開された映画『超高速！参勤交代』をご覧になった方も多いだろう。好評を博し、二年後には続編も製作された。佐々木蔵之介演じる陸奥《むつ》湯長谷《ゆながや》藩主内藤政醇《まさあつ》とその家臣たちが、幕府から「わずかな日数で参勤せよ！」という無理難題を突き付けられ、あの手この手で阻止しようとする謀略を乗り越えるという痛快なストーリーである。物語の黒幕は陣内孝則演じる幕府老中の松平信祝《のぶとき》であり、清々しいまでの徹底した悪役ぶりを発揮している。この信祝こそ松平伊豆守家の四代当主である。老中在任時は遠州《えんしゅう》浜松藩主であるが、それ以前は吉田藩主でもあった。もちろんこの映画はあくまで作り話であり、実際の信祝は将軍吉宗《よしむね》からの信頼も厚く、享保《きょうほう》の改革の一翼を担った人物なのだが、このような悪役のモデルにされてしまうのも優等生キャラの家系ならではの運命なのだろうか……。

それはともかく、実は吉田藩も幕府から〝超高速！参勤交代〟を命じられたことがあった。ただし、それは「わずかな日数で参勤せよ！」というものではない。

命じられたのは信祝の曾孫にあたる松平信明《のぶあきら》である。信明が吉田に帰国中であった天明《てんめい》八年（一七八八）一月一四日、幕府老中から「御用の儀があるので参府すべし。支度は六、七日で済ませ、道中は急がなくともよいので、供廻りは小勢にするべし」という奉書（命令書）が発せられた。そう、「超高速で準備して参勤せよ！」という命令である。通常であれば二月から準備を始めて六月に出発するはずのところ、それをわずか一週間で済ませろというのである。これまで見てきた左源太や幸蔵が直面した問題などには、気に留める余裕すらない状態であったに違いない。

この命令の背景には、当時の政治情勢が大きく関係している。二年前の天明六年には将軍家治《いえはる》が死去し、それまで権勢を誇っていた老中田沼意次《おきつぐ》が失脚した。その翌年に老中首座に抜擢されたのが松平定信である。定信は同じ志を持つ仲間の大名を積極的に幕閣に登用していった。その中の一人が信明であった。

吉田へ命令を伝える使者は一五日の昼に江戸を発ち、一七日のうちに到着したと思われ、一八日には宿割が任命された。先触廻状を出している余裕はないので、二一日には宿割が先行して出発し、その都度交渉して宿を確保した。一月は参勤交代シーズンではないので、行き当たりばったりの旅でも本陣を確保することができた。

信明の本隊は、奉書が到達してから六日後の二三日（実際は前日の夜中）に吉田を出発した。行列の総人数は三二二人（士分は五四人）であり、通常の参勤交代よりも多かった。

供廻りは少なくてよいという幕府の指示に反して、信明の本気度がうかがえる。あるいは、定信との関係から呼び出しがかかることを事前に知っており、水面下で準備をすすめていた可能性も考えられる。行列は予定どおり六泊七日の日程で二九日の昼前には江戸へ到着した。吉田藩は幕府からの無茶振りに見事に応えてみせた。

江戸到着から三日後の二月二日、江戸城に呼び出された信明は側用人《そばようにん》に任命される。そのわずか二ヵ月後の四月四日には老中に任じられ、定信ら同志とともに寛政の改革を進めていくことになる。この吉田藩版〝超高速！参勤交代〟を足がかりとして、信明は出世の階段を一気に駆け上がっていったのである。

順延につぐ順延

話を戻そう。若殿信宝は、着々と準備がすすめられる自身のお国入りについて、用意された帳簿類を見ながら福富平太夫から説明を受け、出発の日である六月二一日を心待ちにしていた。ところが、信順の名代としての帰国は許可されたものの、帰国してよいという幕府からのゴーサインがなかなか出なかった。大名が帰国するためには、幕府から江戸城に呼び出しを受け、将軍に謁見してお暇を頂戴する必要があったのだ。この遅れは、交代する予定であった岡崎藩主本多忠民《ただもと》との兼ね合いと思われる。六月一一日には信宝がお暇を頂戴した際に家中でおこなう祝典の式次第が用意されたが、まだ呼び出しはなかった。一三日には、出発予定日の二一日が山崎藩とバッティングしていたこともあり、出発を二六日に順延することが発表された。

当然、宿割の後藤幸蔵が苦心した休泊の先触廻状の日程も変わることになり、すぐさま新しい廻状が出された。戸塚宿は順延した日程でも都合が合わず、保土ヶ谷宿の本陣へ問合せの書状を出した。しかし戸塚での宿泊もあきらめきれず、二八日ならどうかという書状も出した。よほど戸塚に泊まりたい理由でもあったのだろうか。保土ヶ谷からの返事は差し支えない、戸塚からの返事は二八日なら差し支えないというものであった。左源太が福富平太夫らと相談した結果、再度の順延はせず、戸塚宿泊をあきらめて二六日出発と決定した。

江戸城への登城を命じる老中奉書が届いたのは、一七日のことであった。翌一八日に登城した信宝は将軍家慶《いえよし》と世子家祥《いえさち》（後の家定）から絹織物を拝領し、ついに吉田へのお暇を頂戴した。

時を同じくして、新居目付の川村角太夫《かくだゆう》から左源太に質問状が届いた。その内容は「わざわざ日程を延ばして新居に宿泊することになったのは、若殿様が釣りを楽しまれるためだと聞いた。もしその噂が本当なら、釣りの道具を準備しておくので確かめてほしい」というものであった。福富平太夫を通じて問い合わせると、信宝がそんなことを言った事実はなく、根も葉もない噂であった。信宝の祖父信明も父信順も大の釣り好きで、二人とも江戸でも国元でも釣りを楽しんでいたことは周知の事実なので、信宝も同じように釣り好きに違いないと思われ、こうした噂が広まったのであろう。

無事にお暇を賜った信宝は、伊豆守家を継ぐ者として、信順から黒糸威具足《くろいとおどしぐそく》・腹巻・堅弓、そして旗を譲られた。

幕府の規定人数を超える

出発日が近づくと荷物の数も定まり、各宿場で使用する人馬の数が決まった。その数は先行荷物が人足三人・馬一〇匹、行列本隊が人足八〇人・馬五匹である。実は享和《きょうわ》三年（一八〇三）に「東海道で人馬を使用する数は人足五〇人・馬五〇匹に制限する。限度を超える場合は先触を出す前に道中奉行へ伺いを立てること」という触書が幕府から出されていた。今回は馬の数こそ少ないものの人足は大幅に超過しているので、幕府にお伺いを立てようという話になった。虎皮の鞍覆の件といい、本件といい、吉田藩はどこまでも真面目で律儀である。

後日、幕府から申し渡された返答は「制限を超えて人馬を使うことは許可しない」という至極当然なものであった。以前は宿場町における人馬継ぎ立て業務の最高責任者である問屋役《といややく》と内々に交渉し、超過人馬を出してもらうこともあったと聞いた左源太は、宿割配下の足軽を品川宿の問屋へ派遣し、今回も交渉可能かどうか探りを入れた。問屋役の返答は「現在では些少であっても内々での交渉には応じておりません」と、取り付く島もないものであった。かくなる上は超過分の人足を各自で個別に雇うほかない。しかし個別交渉で値段が決まる相対賃銭は、幕府が定めた御定賃銭の二倍が相場であったため、コストが嵩むことは避けられなかった。

出発予定日が間近にせまった六月二三日、左源太のもとに衝撃的なニュースが飛び込んできた。貞恭院《ていきょういん》の死去である。

貞恭院とは、但馬出石《たんばいずし》藩の先代藩主仙石政美《せんごくまさよし》の未亡人で、享年三九であった。松平信明の娘であり、信順の妹、信宝の叔母にあたる。当時は近親者が亡くなると一定期間喪に服さなければならず、その対象や期間は「服忌令《ぶっきれい》」によって事細かく規定されていた。今回亡くなった貞恭院は信宝にとっては叔母であるから、忌は二〇日間、服（喪）は九〇日間と決められていた。貞恭院が亡くなったのは二二日（「大河内家譜」では二〇日）であったが、表向きには二四日と発表されたため、七月一三日までが忌中となった。忌中の間は行事の開催や外出は避け、身を慎んでいなくてはならない。もちろん信宝のお国入りも忌明け後まで延期せざるを得なくなった。

左源太や幸蔵たちのこれまでの苦労は水泡に帰し、休泊予定は白紙に戻った――。

いよいよ出発!?

六月晦日《みそか》、三河屋から幸蔵のもとへ七月中に江戸を出発する幕府や大名の行列の情報が寄せられた。それを受けて信宝の忌明け後の出発日を決める相談がもたれ、翌七月一日には行列出発の日を七月一八日とすることが発表された。

あわせて、三度目となる休泊予約の先触廻状も出した。先約があると返答してきたのはまたしても戸塚宿本陣沢部九郎右衛門であった。大坂城の警備を担当する大坂加番《かばん》の安房《あわ》館山《たてやま》藩主稲葉正巳《まさみ》がすでに予約しているため、宿内にある別の本陣へ案内するということであった。それ以外は当初の計画どおりに予約することができた。

事前に集められていた御用荷物や個人荷物は、出発の大幅な延期により一旦各自へ戻されていたが、一三日までに再び集められた。

出発日が近づくと行列のリハーサルをおこなうのが恒例で、今回も出発前日の一七日に開催された。通常は駕籠に乗っているため外から行列を見ることができない殿様（今回は若殿）が、自身の眼で行列を見分することが一番の目的である。信宝はもちろん、あれこれと口を挟んでいた信順も、自らのこだわりが反映された行列を見届けようと臨席した。リハーサルでは行列の並び順や歩き方を確認した。入札で新調した大鳥毛槍をはじめとした武具や馬具も登場してお披露目された。

大名行列が往来を通行する際には、行列の先頭の者が「下に〜、下に〜」という掛け声をかけ、庶民は道ばたで土下座するという姿を思い浮かべる方も多いと思われるが、こうしたことができるのは徳川御三家や御三卿に限られていた。それ以外の大名行列が通行する場合には、「脇寄れ〜、脇寄れ〜」などの掛け声がかけられ、庶民は行列の進行を妨げないように道の端へ寄るだけでよかった。しかし今回は、武具や馬具の準備をした勝手方安松八郎右衛門が「最近の傾向としては、道中での掛け声はないほうがよろしいので、そのように心得てほしい」と進言してきたので、基本的に掛け声はかけないことになった。

出発日である一八日には稲葉正巳の出発も予定されていたことから、一五日に稲葉家へ予定を問合せ、出発時刻をずらすことになった。稲葉家は正六つ時（午前五時半頃）に出発する予定であると回答してきたため、こちらはそれより早い七つ時（午前三時半頃）の出発と決定した。行列を構成する供揃えの集合時刻は九つ時（午前〇時頃）とされた。夜明け前どころか深夜に集められるというハードスケジュールである。

行列本隊に先行する者たちは、一六日に先陣をきって宿割の後藤幸蔵が出発。一七日夕方には船割の高城錠次郎と唯内今治も後に続いた。

そして迎えた七月一八日、いよいよ若殿信宝のお国入り行列出発！ と行きたいところだが、参勤交代の準備にまつわる話はまだまだ続く……。

第三章 〝サンキュー〟におまかせ

派遣で成り立つ大名行列

三河吉田藩に武士は何人いたのだろうか？

松平信明《のぶあきら》が「御乗出《おのりだし》」を済ませた直後の安永《あんえい》六年（一七七七）四月に調査した結果が表5である。正規の藩士ではない「足軽」「中間《ちゅうげん》」までひっくるめると一二一八名であった。内訳の江戸と国元を比べると、「士分」は約二一〇名ずつ、「足軽」は約二三〇名ずつと同じような人数になっているが、「中間」は国元が七九名なのに対し、江戸では二四六名と大きな差があることに気付く。

「中間」は武家に仕えて雑務に従事した奉公人で、役割によって若党《わかとう》・草履取《ぞうりとり》・陸尺《ろくしゃく》・小者《こもの》などと区別されることもある。ここではそれらもひっくるめて「中間」と呼んでいるが、一般的には「武家奉公人」と呼ばれる。その契約形態はさまざまで、年限を設けて雇用する「年季奉公」、日雇い・月雇いなど短期契約の「日用取《ひようとり》」、複数の武家屋敷を転々と渡り歩く「渡り奉公」などがあった。「日用取」や「渡り奉公」は人宿《ひとやど》という人材派遣会社から派遣されることが多く、短期間で雇い主が替わるため「渡り者」と呼ばれた。

国元の中間は、吉田城下や周辺村落に住む百姓・町人の次三男らを年季契約で雇用していたと考えられる。一方で江戸の中間は、国元の農村を飛び出してきた者が直接吉田藩の

表5　吉田藩士内訳

〈江戸〉

区分	人数
士分	210
役人以上	(26)
馬廻より徒格まで	(160)
御目見子供	(7)
隠居	(7)
家督子供	(4)
勤方用捨(小普請)	(6)
足軽	231
徒(給金取)	(25)
坊主	(21)
足軽	(123)
長柄小頭・中間小頭 勘定奉行支配・厩小頭 供廻小頭・小足軽 下目付・内支配	(37)
供廻り・仕の者	(25)
中間	246
合計	687

〈国元 吉田・新居・江州〉

区分	人数
士分	217
役人以上	(30)
馬廻より徒格まで	(156)
御目見子供	(17)
隠居	(7)
家督子供	(5)
勤方用捨(小普請)	(2)
足軽	235
坊主	(5)
足軽	(121)
下目付・長柄小頭 中間小頭・使番内足軽 目付内足軽・厩小頭 武具役支配・勘定奉行手代 吟味役支配足軽	(27)
町同心・山方同心 郷同心・普請組支配	(82)
中間	79
合計	531

安永6年(1777)4月時点

江戸屋敷を訪ねて売り込みをかけるという事例もあったが、「渡り者」を雇用する場合がほとんどであったと思われる。江戸には、地方から流入してきた多数の「渡り者」が存在しており、彼らが江戸の武家社会を下支えしていたのである。

ではなぜ江戸で多くの「渡り者」が必要とされたのか。それは大名行列と深く関係している。浅田次郎氏の小説『一路』では、主人公の小野寺一路が「参勤交代は行軍である」とする家伝の書をもとに、主君の参勤の行列を仕立てて江戸へ向かったが、まさしく大名行列は軍隊の行進であった。

第二章で触れたように、武士は石高に応じて必要な数の武器や荷物を持った供を連れて外出しなければならず、その人数は軍役令によって規定されていた。大名が引き連れる家臣のうち、高禄の家臣たちはそれぞれで一つの小さな行列を構成していたため、いくつもの行列が寄り集まって、長い長い大名行列が形成されることになった。分相応の供を引き連れることは、自らの武威を表象することであると同時に義務でもあった。江戸は参勤交代や登城などの大名行列をはじめとして、さまざまな長さの行列が行き交う町であった。

とはいえ、大名や旗本にそれだけの人数を常時雇用しておく財力などあるはずもなく、必要な時に必要なだけ雇用できる武家奉公人や日雇い人足、すなわち「渡り者」が重宝されることになった。そして彼らを斡旋《あっせん》する業者として人宿が誕生した。

吉田藩で国元に比べて江戸で多くの中間が雇用されていたのは、藩主が江戸在府中に行列を組んで外出する機会が多かったためである。彼らは藩邸内にある大部屋の中間部屋に集められ、中間大頭《おおがしら》（小役人格の藩士）の指図を受けた。

今回の若殿お国入り道中では、行列の当初予定人数三四五人のうち、二五九人が中間であった。実に七五パーセントを占める。そしてその多くが人宿から派遣された「渡り者」であった。大名行列は派遣労働者で成り立っていたのだ。

人宿米屋久右衛門

武家に対してマンパワーを供給していた人宿の実態を知るには、その経営帳簿をめくる必要がある。幸いなことに東京都江戸東京博物館には人宿を経営していた米屋久右衛門《こめやきゅうえもん》家の史料「人宿米屋田中家文書」（以下「米屋文書」と表記）が所蔵されており、同館学芸員の市川寛明氏によってさまざまな分析がおこなわれ、その成果が発表されている。市川氏の研究成果に依拠して、人宿米屋が大名行列とどのように関係していたのかを紹介しよう。

人宿の経営基盤は、諸大名の需要に応じて各種業務を請け負って、武家奉公人や日雇い人足を供給し差配することにあった。その業務を大別すると、①参勤交代、遠国《おんごく》奉行の赴任・帰国、日光参詣御用などの行列関係、②江戸城門番、将軍の寛永寺・増上寺参詣時の警固、大名火消などにともなう門番・警固関係、③勅使《ちょくし》の接待にともなう伝奏賄《てんそうまかな》い、④朝鮮通信使の送迎・饗応《きょうおう》にともなう業務、⑤その他の五つに分かれる。このうち米屋の経営の中核となった請負業務は、参勤交代・伝奏賄い・門番の三つで、なかでも参勤交代の請負がもっとも大きな比重を占めていた。

一七世紀後半に創業した初代米屋久右衛門の妻は、もともと旗本村越家で奥女中奉公をしており、村越家から丹後《たんご》田辺藩主牧野家に養子入りした牧野英成《ひでしげ》に仕えた。久右衛門は妻の縁故を頼りに英成と個人的な信頼関係を構築し、江戸の田辺藩邸に扶持《ふち》米を納入する業務を請け負った。文字どおりの「米屋」であるが、同時に臼《うす》で米をつく労働力も提供しており、ここに後に人宿となる萌芽が見られた。

二代目の米屋久右衛門（一六九〇～一七五二）は魅力あふれる人物であったらしく、牧野英成や次の藩主明成《あきしげ》と父以上に強固な信頼関係で結ばれていた。英成が着用していた羽織や珍しい石、菓子などをたびたび拝領しており、その関係は個人的・直接的なものであった。この二代目久右衛門の時代に、家業を米屋から労働力の差配を担う人宿へと転換した。

牧野家の参勤交代も請け負うことになり、久右衛門自身も藩主に付き随って田辺まで御供した。宝暦《ほうれき》元年（一七五一）、新藩主牧野惟成《これしげ》の初入国にも随行したが、久右衛門はそのまま田辺の地で亡くなった。

米屋は田辺藩牧野家のほかにも出入り先を拡大し、桑名藩松平家・亀山藩松平家・福島藩板倉家・沼津藩水野家など一四の大名家と恒常的に業務を請け負う関係（御出入）を築き、これらの藩の参勤交代などを請け負うことで莫大な利益を得ていた。たとえば安政《あんせい》六年（一八五九）に桑名藩の一一泊一二日の参府行列を請け負った際には、金七七三両余を前金で受け取り、支出は約四一九両であったため、差し引き約三五四両の利益を得た。利益率は約四六パーセントにも達した。ただ、この時は桑名の人宿との共同請負であったため利益は折半している。

人宿がこのような利益を獲得できた要因は、日雇い人足の給金にあった。人宿が大名行列に動員した人足は、宿場ごとにリレー形式で荷物を運ぶ宿継《しゅくつ》ぎではなく、全行程を通して従事する通日雇《とおしひやとい》が中心であった。人宿は委託元である大名に対して、通日雇の給金として高額な代金を請求し、行列の人数を確保しなければならない大名側は言われるがまま支払った。給金は人宿から直接通日雇へ渡すのではなく、人足の頭である棒頭《ぼうがしら》などの中間層へ渡し、そこから間接的に支払われた。人宿や中間層は、通日雇の給金をピンハネすることで莫大な利益を得ていたのである。通日雇へ実際に支払われた給金は、大名へ請求した額の半額程度かそれ以下であったという。

「がさつ」な武家奉公人

人宿が派遣した武家奉公人は「がさつ」な振る舞いをする者が多く、幕府はたびたび取り締まる法令を出した。「がさつ」とは言葉や動作が粗暴で放埒《ほうらつ》なさまを指し、異様な風体の髪型や衣装で町中を闊歩《かつぽ》し、博奕《ばくち》など違法行為をおこなう者もあった。寛保《かんぽう》二年（一七四二）には江戸の芝居小屋市村座に陸尺《ろくしやく》（駕籠かき）が殴り込みをかけて処罰された。この事件は老中ら幕閣が雇っていた陸尺を中心にいくつもの大名家に雇われていた陸尺たちが団結して起こしたもので、当時老中だった伊豆守家の当主松平信祝《のぶとき》とその嫡男信復《のぶなお》の陸尺も含まれていた。雇用する大名家の枠を越えて、「渡り者」同士が横で結びついていることを示す事件である。人宿としても武家奉公人の「がさつ」を押さえつけようとすると、離れていって家業が成り立たなくなるため、強く出ることができなかった。こうした「がさつ」な武家奉公人を取りまとめたのは、棒頭や中間部屋の部屋頭、現場の元締役といった親分肌の中間層たちであり、彼らの存在なくしては人宿も武家奉公人を使役することは困難であった。

〝サンキュー〟とは何者か

三河吉田藩主松平伊豆守家にも出入りの人宿がいた。第二章で登場した三河屋である。代々久右衛門を名乗り、吉田藩関係の古文書にもしばしば名前が見える。実はこの三河屋久右衛門と米屋久右衛門は同一人物なのだ。

筆者は三河屋久右衛門という名前は以前から知っていたのだが、市川寛明氏が平成二五年に発表した「人宿米屋による参勤交代の請負実態と収益メカニズム―安政六年桑名藩参府行列を事例に―」という論文を読んでも、「こんなに詳しく人宿の参勤交代請負史料が残っているなんて!」と羨望の眼差しを向けるだけであった。ところが、しばらく経ってからその論文のことが思い浮かび、過去に市川氏が発表した米屋関係の論文を探し出して読んでみると、なんと米屋と三河屋が同一の人宿であることが書かれているではないか。しかも吉田藩は米屋(三河屋)にとって超が付くほどのお得意様であることがわかり、大衝撃を受けることになった。

伊豆守家と米屋の出入り関係がいつ頃始まったのかは定かでないが、牧野家と同様に伊豆守家の四代目松平信祝と二代目米屋久右衛門の間で個人的な信頼関係が結ばれていたと思われる。米屋の由緒書によれば、「三河屋」の屋号は三河吉田城主時代の信祝から賜ったという。こうした経緯により、伊豆守家や同家とのつながりで出入りするようになった家に対してのみ「三河屋」を名乗っていたのである。

正徳《しょうとく》二年（一七一二）、信祝は下総古河《しもうさこが》から三河吉田へ転封《てんぽう》を命じられた。転封は参勤交代以上の人と物資の大移動になるため、多数の人足が必要になる。伊豆守家の家中に伝来したと思われる「吉田御所替日記《おところがえ》」によれば、この時に駕籠《かご》かきや人足を請け負ったのは筑後屋弥五兵衛・三河屋久右衛門・加賀屋喜兵衛・駿河屋久兵衛・常陸《ひたち》屋彦五郎・忍《おし》屋五左衛門の六人であり、すでに三河屋の名が見える。久右衛門の由緒書とこの日記の記述がどちらも正しいとすれば、吉田への国替業務を請け負った段階で「三河屋」の屋号を賜ったことになる。

米屋の由緒書には次のような逸話が書かれている。信祝の嫡男信復が「松平左衛門佐《さえもんのすけ》」と名乗っていた頃、江戸城内で田辺公（牧野明成）から話しかけられた。それは「貴公のところへも〝サンキュー〟が長年出入りしていると聞いたが、拙者《せっしゃ》のところにも出入りしている者です。本当に奇特な者ですので、さらに御目を掛けて贔屓《ひいき》にしてあげて下さい」

ということであった。しかし信復は〝サンキュー〟が何者を指すのか合点がいかず、場当たり的な挨拶《あいさつ》をして誤魔化してしまった。城から戻った信復は側近の三上喜兵衛を呼び、

「殿中で牧野殿がかくかくしかじかと申されていたが、〝サンキュー〟という名前の医者も坊主も思い当たらなかった」と話した。名前の発音から医者か坊主を連想したのである。

だが喜兵衛は〝サンキュー〟の正体を知っており、「それは当家から屋号を与えられた三河屋久右衛門のことで、略して〝三久〟と申し上げるのです」と答えた。それを聞いた信復は、それは己の不調法であったとして、喜兵衛を田辺公のもとへ使者として遣わし、すぐに気付かなかったことを弁明させた。田辺藩邸からの帰路、米屋に立ち寄った喜兵衛は
「さてさてそなたは冥加《みようが》に叶う男である。田辺公も左衛門佐様も大笑いなさっておられた」

と伝えた。この時の米屋当主は魅力あふれる二代目久右衛門であり、身に余る光栄であると喜んだ。大名自身が人宿主人の人柄を知っていたことを示す興味深い逸話であり、この時期は業務を請け負う上で個人的なつながりが重要な意味を持っていたことがうかがえる。

喜兵衛は元文《げんぶん》四年（一七三九）に若殿信復付きの用役に就任しているので、この逸話は同年から信復が藩主に就任する延享《えんきよう》元年（一七四四）までの間の話ということになる。正徳

二年の転封からすでに約三〇年が経過しており、まさに「長年出入り」している関係になっていた。

伊豆守家は享保《きょうほう》一四年（一七二九）に吉田から遠州浜松へ転封しているが、この引っ越しも三河屋が請け負ったと考えられる。

島原御陣二〇〇年記念式典

ここでもう一度「島原扈従《こしょう》」に話を戻そう。

松平伊豆守家では、島原天草一揆《いっき》の鎮圧（島原御陣）を記念して、数え年で五〇年ごとに記念式典と宴会、および伊豆守家の菩提寺《ぼだいじ》である野火止平林寺《のびどめへいりんじ》において法要を、原城が落城した二月二八日に合わせて開催していた。最初の五〇年目の貞享《じょうきょう》四年（一六八七）はおこなわれなかったようだが、その後は元文二年（一七三七）、天明《てんめい》七年（一七八七）、天保《てんぽう》八年（一八三七）におこなわれている。

ここでは天保八年に開催された島原御陣二〇〇年記念式典と宴会の様子を紹介しよう。

年明け早々、家老から目付に対して、今年は島原御陣二〇〇年にあたるため島原扈従の末裔《まつえい》の名簿を提出するよう指示があり、一月二四日に目付渡辺左忠《さちゅう》が、江戸詰の末裔の名簿を差し出した。この帳面には家老関屋弥一左衛門《やいちざえもん》以下二一名が記載されており、当然大嶋左源太の名もあった。なお、当時は藩主信順《のぶより》が京都所司代として在京中であったため、そのうち三名は京都在番中であった。彼らには藩主名代《みょうだい》の若殿信宝《のぶとみ》へのお目見え（＝式典）を仰せ付けられ、御吸物御酒（＝宴会）が下されることになった。

　当日の二月二八日は、次のような流れで一連の儀式が進められた。信宝は服紗小袖《ふくさこそで》と麻《あさ》裃《かみしも》を着用し、最初に上屋敷内の御拝所で拝礼をおこなってから、居間書院へ着座した。そこへ麻裃を着用した近習《きんじゅ》が縁起物の熨斗三方《のしさんぽう》を差し上げる。次に藩主信順と正室延姫《のぶひめ》の使者がそれぞれやって来て、祝辞のやり取りをおこなった後、鰭《ひれ》の吸物と酒肴《しゅこう》が出されて島原二〇〇年を祝った。それから家老がやって来て祝辞を述べ、敷居の外に座って控えた。次いで中老が同様に祝辞を述べて退座し、さらに小姓頭《こしょうがしら》・用人《ようにん》・留守居《るすい》・用役はまとめて一列に並んで祝辞を述べた。

　次に、舞台は小書院へ移る。先ほど信宝に祝辞を述べた家老関屋弥一左衛門・中老岩上九助・用人並《ようにんなみ》留守居添役関屋次郎五郎《じろごろう》の三名は御次口《おつぎぐち》から、残りの鋤柄孫左衛門《すきがらまござえもん》以下は廊下から二之間へ入場する。「役人以上」と呼ばれる目付以上の有職者七名は一列目に、そのほかの一一名は二列目と三列目に着座した。座る順番も決まっており、南側のほうが格上である。上之間の隅には取合（＝司会役）として家老水野小一右衛門《こいちえもん》が着座した。小一右衛門は代々江戸家老を務めた重臣ではあるが、島原扈従の家ではない。

島原扈従の末裔一同が揃ったら、信宝が南側の御次口から上之間へ入り、中央に着座してお目見えとなる。ここで信宝は一言「互いに長久繁栄めでたし」と発声し、北側の廊下から御次口へ退出して式典は終了となる（左ページ図4）。実にシンプルな式典だが、島原で共に戦った主従の子孫同士の絆《きずな》を確かめるための重要なイベントであった。

絆を深める宴会

式典の後は宴会である。引き続き小書院を会場としておこなわれ、一同は左右に分かれて着座した。各々《おのおの》の前には、膳に載せた料理が運ばれた。献立は、吸物椀〈小鯛とウド芽の味噌吸物〉と平の蓋〈青竹の串を刺したブリの田楽とカラスミ五切れ〉で、膳の端には伏せた土器《かわらけ》（盃）が掛けられていた。一同が土器を持つと、世話役の藩士たちがやってきて冷酒を注いでまわり、三献を傾けた。次に熱燗《あつかん》が出され、その一献目が済んだところで、上之間に再び家老の小一右衛門が着座した。小一右衛門は「ゆるゆる頂戴《ちょうだい》致すべき旨御意《ぎょい》遊ばされ候《そうろう》」と一言だけ信宝の御意を伝え、すぐに御次口へと去っていった。その後、波の模

図4 島原御陣200年記念式典の図

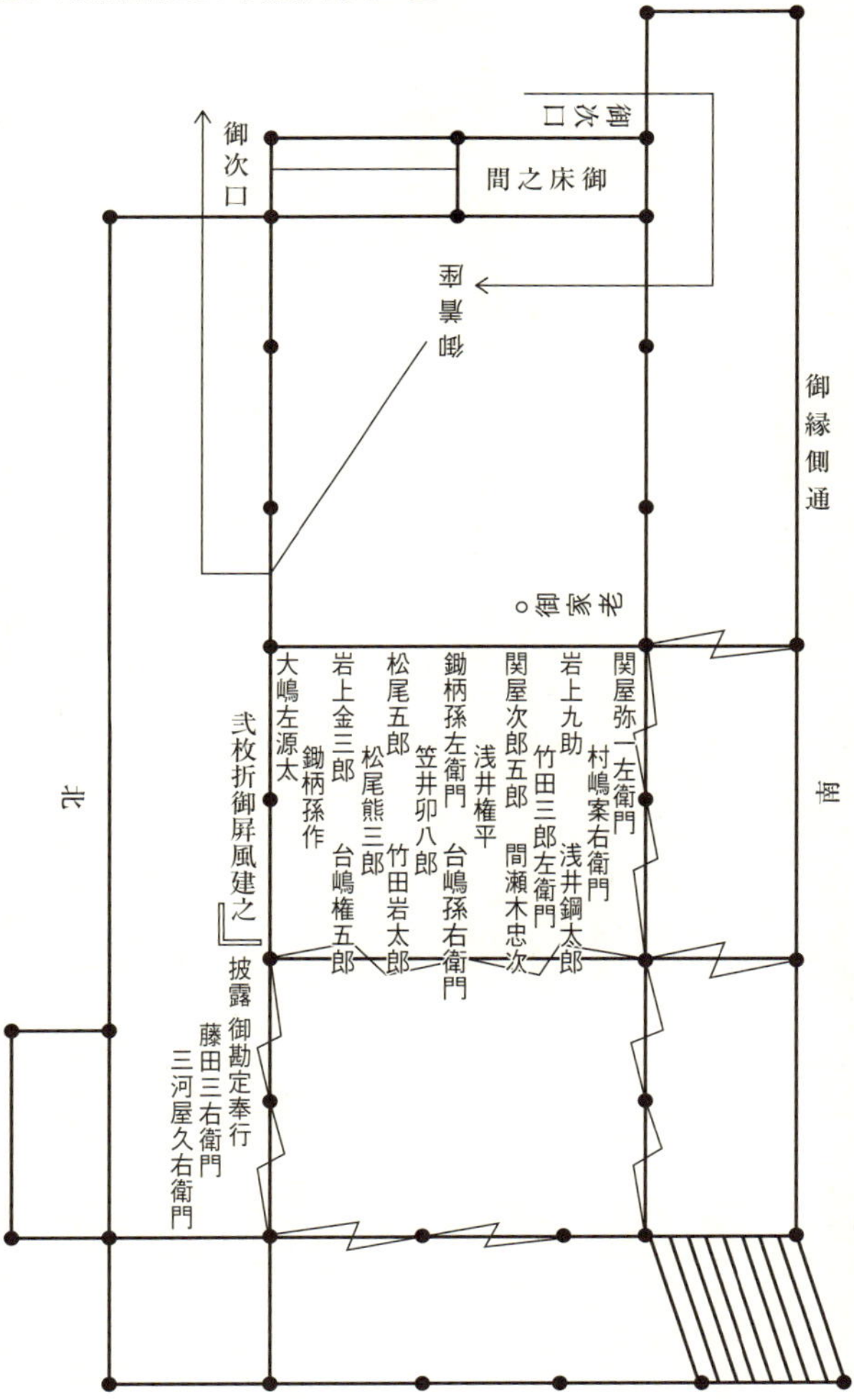

様に簑亀《みのがめ》が三、四匹描かれた蒔絵《まきえ》の大盃が運び込まれ、関屋弥一左衛門から順番に回し呑みした。冷酒を呑んだ土器は、記念品として各自が持ち帰った。この一連の盃事にも、彼らの絆をさらに強固なものにするという意味が込められていた。

国元の吉田と藩主信順が赴任している京都でも、江戸と同様に式典と宴会が催された。ところで、筆者は**図4**を初めて目にした時にある違和感を覚えたのだが、読者のみなさんは何かお気付きだろうか？

片隅にいたワケ

〝違和感〟の正体は**図4**の左下である。

二つ折りの屛風《びょうぶ》に隠れた廊下の片隅に「三河屋久右衛門」の名が記されている。実はこの式典には続きがあった。信宝が小書院上之間の北側から退室する際、廊下の奥から勘定奉行藤田三右衛門が三河屋久右衛門の名前を言上して披露した。すると信宝は久右衛門のほうを向いて一言「めでたし」とだけ発声し、御次口へと去っていた。久右衛門はその後の宴会には同席せず、勝手方役所で酒と吸物を頂戴した。

この式典は島原天草一揆を共に戦った伊豆守家当主と島原扈従の末裔の絆を固めるため

の重要な席である。それなのに、なぜ一介の商人である三河屋が臨席しているのか？
その答えは、三河屋が伊豆守家に出入りするために持ち出した由緒にあった。元文二年（一七三七）二月二八日、島原御陣一〇〇年記念式典が開催された。この時は二代目久右衛門が出席を許され、酒と吸物を頂戴し、伊豆守家の家紋付き裃を拝領した。それに先だって信祝から久右衛門の由緒に関する質問があり、次のような由緒書を提出している。

私の祖父鈴木六兵衛という者は、伊豆守様の家で軽い御奉公を勤めておりました。島原御陣の際も御供つかまつり、御帰陣後も勤めておりましたが、老年になったのでお暇を頂戴し、川越領内の上松原村で名主役を勤めておりました。その娘は明石《あかし》といって、龍泉院様（松平輝綱《てるつな》の正室、信輝《のぶてる》の生母）のもとで数年間勤めておりました。すなわち、私の母の姉でございます。

つまり、二代目久右衛門は松平信綱に仕えた足軽鈴木六兵衛の孫にあたり、島原扈従に連なる者であるというのである。では鈴木六兵衛なる人物は実在したのだろうか。信綱が亡くなり輝綱が川越藩主を継いだ直後の寛文《かんぶん》二年（一六六二）五月に作成された分限帳には「御足軽　柱生又右衛門に付き川越に罷《まか》り在《あ》り　二人扶持金三両二朱　鈴木六兵衛」とあり、確かに実在して川越で足軽を務めていたことがわかる。島原天草一揆から二五年が経過しており、仮に二五歳で参陣していたとすれば当時五〇歳くらいで、それからしばらくして伊豆守家を辞して村役人を務めたことになる。

三河屋の由緒書では六兵衛の子供たちの経歴にも触れている。嫡男の門左衛門は、武蔵国吉見領古郡村へ移って横川と改姓した。娘は三人おり、一人目は伊豆守家の藩主生母龍泉院に仕え、明石と名乗って数年間奥女中として奉公した。二人目は田辺藩家老の浅野五右衛門に嫁いだ。末の娘は村越家から牧野英成に従って奉公した奥女中で、二代目久右衛門の母である。ただし「米屋文書」にはもう一つ別の由緒書が残っており、それには鈴木六兵衛の名は登場せず、母方の系譜は横川姓が中心で内容も異なる部分がある。市川寛明氏もこの齟齬《そご》をどう解釈するか苦慮している。

ここで重要なのは、三河屋久右衛門が伊豆守家に出入りするために持ち出した由緒が、島原天草一揆に従軍した足軽を祖父に持つということと、伯母が伊豆守家の奥向きで働いていたということの二つである。この二点は、伊豆守家とのつながりを永続させるために欠かせない由緒であり、島原御陣記念式典に出席し、龍泉院の回忌法要にあたって香典をおくることで継承されていった。とくに「島原」は伊豆守家に出入りする上で、これ以上ないアピールポイントとなったに違いない。

入札から専属契約へ

延享四年（一七四七）四月一一日、松平信復の生母松泉院に呼ばれた久右衛門は、能役者や三味線《しゃみせん》弾きを引き連れて谷中下屋敷に参上して宴会を催した。中入り後には松泉院から大儀であるとして盃を頂戴した。この事例から、三河屋が大名家の奥向きと人脈を持っていたこと、芸事の素養を持ち合わせ、それを活用していたことがわかる。

同年は伊豆守家と三河屋の関係にとって重要な節目の年になった。家督を継いで三年目の信復が浜松へ帰国する年にあたり、三河屋がこの参勤交代を請け負うことになった。実は前年の参府行列は入札によって三河屋が請け負っていたのだが、今回は入札をおこなわずに、前回と同じ料金で請け負うことが決まった。

同年六月、久右衛門の名代《みょうだい》として信復に呼び出された倅《せがれ》の久兵衛は「御帰城・御参府道中日雇方の御用向きは、延享三年の入札値段をもって今後永代に仰せ付ける」とする伊豆守家の財務担当役人連名の証文を渡された。今後、伊豆守家の参勤交代は帰城も参府も入札をおこなわず、半永久的に三河屋へ専属的に請け負わせるという内容であった。一般競争入札から一者随意契約への移行である。入札で業者を競わせたほうがコストを抑えることができて経済的ではないかと思うのだが、市川氏は入札の目的を経費削減のためではなく、より良いパートナーを見極めるためであったと考察している。この上ないパートナーと出会った伊豆守家にとって、入札は不要になったのである。

寛延《かんえん》三年（一七五〇）には、再び吉田への転封が命じられ、浜松から吉田へ大移動がおこなわれた。近距離ではあったが、この国替も三河屋が一手に請け負って成功させた。その翌宝暦元年に二代目久右衛門が没したが、代替わりしても延享四年の専属契約証文は反故《ほご》にされることなく、明治の世を迎えるまで効力を発揮し続けた。

専属契約の秘訣

二代目久右衛門は入札による請負のほか、藩主との間で新たに個人的な信頼関係を構築するという方法で出入り先の藩を拡大していった。また、すでに出入りしている藩との縁戚関係をたどるというやり方もあった。

延享四年四月に久右衛門が谷中下屋敷で催した宴会には、松平信祝の三男金弥《きんや》が出席していた。金弥は自ら久右衛門の盃に酒をそそいで仲を深めた。後年、金弥が伊豆守家の同族である上総《かずさ》大多喜《おおたき》藩に養子入りして松平正温《まさはる》と名乗ると、久右衛門は正温との個人的なつながりを利用して大多喜藩に出入りすることに成功した。なお、伊豆守家を縁としての出入りであるため、大多喜藩に対しても「三河屋」を名乗っている。

信祝の次男祝之丞《ときのじょう》は豊後《ぶんご》岡藩主中川家に養子入りし、中川久貞《ひささだ》と名乗った。ここでも伊豆守家時代の個人的なつながりを頼りに岡藩邸をたびたび訪れ、久貞の側へ出入りするようになった。そして久貞から「私が入部する際は行列を請け負って御供するように」という御意を伝えられた。

ところが今回は藩主との個人的なつながりが仇《あだ》となってしまう。久貞とのあまりにも親密な関係に嫉妬《しっと》した家臣が、ほかの人宿へ入部行列を請け負わせてしまったのである。結局岡藩への出入り計画は大失敗に終わった。これは二代目久右衛門にとって苦い思い出となり、子孫へ残した家訓には「私にとって一生の手抜けであった。残念に思ったのはこの時ばかりである」と忸怩《じくじ》たる思いを記した。同様の事態は藩主の交代時でも想定された。先代に重用された家臣が代替わり後に失脚するという例は枚挙にいとまがない。

二代目久右衛門が各藩との専属契約を永続させるためにとった方法は、個人的な信頼関係からの脱却であった。先の家訓には「御屋敷では、身分の低い御役人衆ほど失礼のないように接しなければならない。たとえ殿様や重役方の覚えが良くても、上ずってしまえば下の御役人方に憎まれてしまうということは、心得ておくべき第一のことである」と記し、進物の大切さを説いている。それ以降、米屋（三河屋）では年始や五節句、中元、歳暮などの節目ごとに出入り先の藩へ進物を贈っている。その相手は藩主から末端の茶坊主にいたるまで幅広く、家訓が守られていたことがわかる。

今でこそ賄賂《わいろ》まがいの付け届け行為は忌避されているが、当時は交際を続ける上で必要不可欠な出費と考えられていた。この末端まで行き届いた気配りこそが、世代交代が進んでも米屋が専属契約を維持できた秘訣であった。二代目久右衛門の家訓を分析した市川氏は、御用請負の対価として獲得した利潤は、米屋の誠実義務に対する「天の恵」と位置付けており、進物を贈る行為はその誠実義務の一環として、出入り先との互酬関係の重要な構成要素と考えられていたと指摘している。

山々安全、川々大水

延享四年（一七四七）に専属契約証文を頂戴した二代目久右衛門は、伊豆守家の財務担当役人に対する請書を提出した。その内容は次のとおりである。

一、江戸屋敷から遠州浜松までは道中日数を六泊七日に限り、三度の扶持（食事）を支給される。
一、奴子《やっこ》一人につき代銀五四匁《もんめ》ずつ。
一、陸尺一人につき代銀五一匁ずつ。
一、平日雇一人につき代銀一九匁九分《ぶ》ずつ。
一、若党一人につき代銀二一匁五分ずつ。
一、平刀役一人につき代銀二一匁五分ずつ。
一、中日雇一人につき代銀二四匁五分ずつ。
一、陸尺四人掛り一人につき代銀二六匁ずつ。
一、陸尺二人掛り一人につき代銀三七匁五分ずつ。
一、老中への挨拶回り（廻勤）は平均一人につき代銀三匁ずつ。
一、道中日数の延長または短縮があれば日割で計算する。
一、朝七つ時出立、夜五つ時到着は異議なく、そのほかの夜道は一里《り》一人につき一匁四分ずつ。

一、まわり道を通った場合は一里一人につき一匁四分ずつ。川端まで来て満水（川止め）のため前の宿場へ引き返す場合も同様。

一、平日雇が持つ荷物の重さが六貫目《かんめ》を超過する場合、超過分一貫目につき四匁五分ずつ。

一、小判の両替は一両につき銀六〇匁とする。

一、御家の法度《はつと》を順守し、長髪や乱髪にはさせない。

一、日雇の世話役（宰領《さいりょう》）の賃銀は五〇人につき一人分を請求し、宿継ぎ馬代は五〇人につき一匹分を請求する。

一、何処かへ御供して日数が増減した場合も、右の割合で賃銀を請求する。

右のとおりの値段で御参府・御帰城往来の通日雇御用を永代に御命じいただき、外聞といい実儀といい有り難く存じます。そうである上は、御供の日雇を間違いなく勤めさせます。万が一逃亡する者があれば、弁償して速やかに代わりの日雇を差し上げて間違いなく御供を勤めさせます。もし病気になるか、お気に召さない者がいた場合も速やかに代わりを差し上げます。火事などの場合は速やかに本陣へ駆けつけ、御命令に従って働かせます。道中、船中、川、宿場町では喧嘩《けんか》口論や「がさつ」な振る舞いはさせません。右の規定以外でも万事御家の家臣同然に勤めさせ、少しも御家法に背かないようにいたします。

箇条書きの二番目から一〇番目は、人件費として一人あたりの単価（六泊七日分）を定めた項目である。つまり参勤交代の請負は単価契約方式が採られていたのである。参勤交代は日程や旅程の変更が頻繁に発生したため、すべて込みのパッケージ料金ではなく、あらかじめ単価を設定しておき、たとえ大幅な変更が生じたとしても、その分はきっちりと請求する手法をとったのである。一一番目から一四番目の項目がそれに該当する。この契約方法であれば、人宿側が損をすることはなく、むしろ旅行日程が延びたり、遠回りしたりすればその分だけ人宿の利益につながったのである。

参勤交代の全行程が終わってみなければ総額がわからないという不確定要素の多さこそが、参勤交代請負で人宿が大儲《おおもう》けできた理由の一つであった。米屋（三河屋）の経営帳簿の書き出しには「山々安全　川々大水」という文言が記載されている。この言葉の意味は、山道は無事に通行して重要な稼ぎ手である通日雇が欠けないこと、川は大雨で満水になり大名行列が足止めされて収益が増えることを願うということである。藩側にとって何としても避けたい川止めは、人宿側にとっては有り難い出来事だったのである。

伊豆守家に対する武家奉公人請負

米屋文書には、さまざまな大名家の参勤交代請負に関する帳簿類が数多く残されている。天保一二年（一八四二）の若殿お国入り道中に関する帳簿が残っていれば、委託側と受託側双方の史料をもとに参勤交代を分析できる稀有《けう》な事例となる。筆者は東京都江戸東京博物館の図書室で米屋文書の目録をめくり、目を皿にして若殿道中の帳簿を探したが、残念ながら世の中はそこまで甘くなかった……。

米屋（三河屋）が武家奉公人の請負時に作成した大量の帳簿類を、家別・内容別・年代別に整理して並べた帳簿台帳として『諸家公諸御用帳歳々記』（以下『歳々記』と表記）という史料が存在する。『歳々記』の成立時期は嘉永《かえい》七年（一八五四）で、安政六年（一八五九）に再度調査され、その後は明治元年（一八六八）分までが追記されている。延享五年（一七四八）以降に帳簿が掲載された請負実績は七四一件に及び、そのうち参勤交代の請負は二八〇件を数える。ただし一七世紀の帳簿は掲載数が少なく、『歳々記』成立時にはすでに失われてしまったものが多かったと思われる。
『歳々記』に掲載された伊豆守家（吉田公）の請負帳簿は、六六件である。内訳は参勤交代が二二件（帰城一二件、参府一〇件）、幕府の命で遠隔地へ赴く公用旅行・将軍参詣などにともなう寛永寺や増上寺での警固・江戸で亡くなった伊豆守家当主や一族の遺体を平林寺へ運ぶ人足などの臨時が三二件、江戸城の門番や大名火消に関するものが一二件であり、合計で二七〇冊もの帳簿が存在していた。この内訳から、伊豆守家が人手を必要とする多様な御用をことごとく三河屋へ請け負わせていたことがわかる。六六件という数字は、『歳々記』に掲載された大名家別の件数では六番目に多い。もっとも多かったのは福島藩板倉家の九二件である。

東京都江戸東京博物館に所蔵されている米屋文書の目録から、伊豆守家の請負に関する帳簿を数えたところ、現存数は一〇件で一七冊と五枚（ほかに年代未詳の帳簿三冊あり）に過ぎず、『歳々記』の掲載数と比べると一割にも満たない。天保一二年の若殿お国入り道中関係の帳簿も、『歳々記』では六冊が存在していたことになっているが、残念なことに一冊も現存していない。

ちなみに、『歳々記』には若殿お国入り道中請負について次のような注記がしてある。

六月一八日に発駕《はつが》と決定し、同一三日に行列に加わる通日雇がお目見えする予定であったが雨天で一五日に延期された。ところが同一四日の夜に仙石様の御隠居様（貞《てい》恭院《きょういん》）が逝去されたため、発駕そのものが延期になってしまった。日程がわからなかったので、一三日から一七日までの五日分の通日雇手当を頂戴した。

左源太の記録とは日付が異なるが、雨天や不幸により日程が延期になったことで、その間の通日雇の人件費もきっちりと請求していたことがわかる。

弘化四年の参勤交代請負

先述のとおり、三河屋に若殿お国入り道中の請負資料は残されていないが、弘化《こうか》四年（一八四七）に当時の藩主松平信璋《のぶあき》が吉田へ帰国した際の請負に関する帳簿が現存するので、それをもとに吉田藩の参勤交代請負の実態を見てみよう。

この時のお国入りは、信璋にとって二度目の帰国であるため通常時の規模での参勤交代であった。出発は七月五日で、六泊七日の予定どおりに進み、一一日に吉田へ到着した。

三河屋から派遣された通日雇は一一一人であった。その内訳は、陸尺八人（藩主用の駕籠かき、単価七五匁七分）、上奴子八人（対挟《つい》箱持四人・対鳥毛槍持四人、単価七二匁七分）、中日雇一〇人（竪弓持・持道具・長刀・長柄傘・草履取、単価三三匁七分）、三人掛駕籠九人（家老と医師二人の駕籠かき、単価三七匁二分）、平刀差一三人（御供の家中用の槍持、単価二九匁）、平日雇六三人（そのほかの人足、単価二七匁五分）となっている。藩主の駕籠を担ぐ陸尺と行列のシンボルを持つ上奴子は、そのほかの通日雇に比べて単価が二倍以上であり、それに相応《ふさわ》しい屈強で見栄えのする者が選ばれた。

寛政《かんせい》四年（一七九二）に松平信明が上京した際も、総人数三三二人のうち三河屋の通日雇は一一〇人であったので、若殿のお国入りも中間二五九人のうち三河屋からの派遣は一一〇人程度であったのかもしれない。

先の専属契約の請書を見ると「日雇の世話役（宰領）の賃銀は五〇人につき一人分を請求し、宿継ぎ馬代は五〇人につき一匹分を請求する」という条文がある。その内容は一〇〇年後の弘化四年も生きていた。一一一人を五〇で割ると二・二二となり、二・二二人という自然数ではない人数の世話役が請求されることになった。これは実際の人によるのではなく代銀で支払われ、単価はもっとも高額な陸尺と同じ七五匁七分であった。

宿継ぎ馬は、世話役を足した一一三・二二人分で計算され、これまた二・二六四匹という半端な数字になった。このうち一匹は本物の馬で提供され、残りは代銀で支払われた。

さらに重量超過分の荷物運搬料、夜明け前から日の出までの提灯《ちょうちん》持ち二一人分（現地雇い）の人件費、夜道の通行手当、一一三人分の昼食代（六食分、各四五文）と旅籠《はたご》代（六泊分で一〇九〇文）などが加算された。その結果、三河屋に支払われた通日雇代金の合計は金一八五両と銭六〇一文に達した。

参勤交代費用の総額はいくら?

ところで、参勤交代の話になると必ず話題に上るのが、費用はいくらかかったのかという点である。お金の話は誰しも興味を抱くところであろうが、残念ながら吉田藩の場合ははっきりとした記録が残っていない。

ただし、帰国の道中でかかった経費については、左源太が残してくれた三年分の数字がある。それによれば、最後の藩主松平信古《のぶひさ》の入部となった嘉永三年（一八五〇）は金三八三両余、通常の帰国となった同四年は金三四八両余であった。安政二年（一八五五）は途中の川止めにより一三泊一四日の長旅になってしまい、経費も金五一八両余に跳ね上がった。

つまり通常の参勤交代であれば、道中費用だけで金三五〇両ほどかかっていたことになる。この中に三河屋へ支払った通日雇代金は含まないと考えるのが妥当であろう。さらに武器・馬具の修理代や関札の制作費といった諸経費、行列本隊から遅れてやってくる女中たちの旅費なども含まれてはいない。以上のことから、吉田藩の参勤交代費用の総額は金六〇〇〜七〇〇両ほどであったと考えられる。

第四章　必読！　参勤交代マニュアル

江戸の外交官

江戸城の周辺には各藩の藩邸（大名屋敷）が立ち並んでいた。藩邸は藩主が江戸滞在中の居住空間となるだけでなく、多くの長屋が立ち並び、そこで勤務する藩士たちが暮らしていた。江戸における各藩の窓口になっていたことから、藩邸はあたかも外国の大使館のような存在であった。江戸における各藩の役職の中で、特に重要なポストが留守居《るすい》役であった。留守居役は江戸城に登城して幕府との折衝や書類の提出を担当し、他藩の留守居役と交流して情報交換をおこなうなど外交官のような役割を果たしていた。そのため有能な人材でなければ務まらない役職であった。

しかし留守居役同士で組合を結成し、遊郭や高級料亭で幕府高官の接待や諸藩間の情報交換を目的とした寄合をおこなっては公金を浪費するなど、贅沢な振る舞いが目に余り、自らを「制外」の職であると考えて各藩の法度《はっと》にも従わない有様であった。そのため幕府により留守居役を抑制するための触書《ふれがき》がたびたび出されている。享和《きょうわ》二年（一八〇二）九月には、将軍家の法事に参加した諸大名の留守居役六〇名が集まって吉原を総揚げにして狂態を演じるという事件があり、全員が大目付から「急度《きっと》叱《しか》り」を言い渡されるという出来事があった。事件から二ヵ月後、幕府は通達を出して留守居役による寄合を慎むことを命じた。しかしその後も「寄合がましき儀」や「宜《よろ》しからざる風聞」があったとして処分される留守居役は後を絶たなかった。

とかく負のイメージを持たれやすい留守居役ではあるが、各藩にとっては幕府や他藩との関係を円滑にし、必要な情報を収集するために必要不可欠な存在であった。

長年老中を務めた松平信明《のぶあきら》の跡を継いだ信順《のぶより》は、文政《ぶんせい》二年（一八一九）に初めてお国入りを果たした。吉田藩にとって文化《ぶんか》二年（一八〇五）以来一四年振りとなる参勤交代である。さすがにそれだけ中断していると、前回の様子を知る者も少なくなり、先例主義の時代といえども知らず知らずのうちに道中での取り扱いが変更になっている事項もあるかもしれない。そこで、参勤交代担当を命じられた目付の井口才兵衛《さいべえ》が留守居役の三輪十郎兵衛に頼み込み、他藩から参勤交代のマニュアルを入手してもらうことになった。十郎兵衛は摂津高槻《せっつたかつき》藩の留守居役から「道中心得方之留《どうちゅうこころえかたのとめ》」という全一五ヵ条のマニュアルを借りることに成功し、滞りなく参勤交代をおこなうことができた。信順と当時の高槻藩主永井直与《なおとも》は従弟《いとこ》同士であり、借用する相手として都合が良かったのであろう。

この「道中心得方之留」は、文政四年の参勤交代担当目付の村松郷右衛門《ごうえもん》から、同じく文政八年の担当目付を命じられた羽山九郎兵衛《くろべえ》に伝えられた。ただし、同年に信順が幕府の寺社奉行に就任したためこの時の参勤交代は取りやめになり、「道中心得方之留」は九郎兵衛の手元に置かれたままになっていた。

それから一六年が経った天保《てんぽう》一二年（一八四一）、若殿お国入りの担当目付になった大嶋左源太は、九郎兵衛からこの「道中心得方之留」を譲り受けた。九郎兵衛が左源太の叔父にあたることから、このほかにも目付の職務に関するさまざまな書類を引き継いでいる。

ここでは参勤交代を円滑に進めるために目付が熟読していたマニュアル「道中心得方之留」の内容を条文ごとに紹介し、参勤交代における彼らの苦労の一端を覗《のぞ》いてみよう。なお、他藩が実際に体験した先例も取り上げられており、こうした情報が留守居役を通じて諸藩の間で共有されていたことがわかる。ただし、先例の年代は一七三〇～四〇年であり、内容自体は目新しいものではなかった。

荷物は馬に積んで逃げよ！

① 宿場町で出火した時の準備・心構えについて
木造家屋が密集する宿場町は、火災の発生が珍しくなかった。たとえば東海道二川《ふたがわ》宿（愛知県豊橋市）では、江戸時代を通じて数十軒から二〇〇軒以上を焼く大火が四度発生し、

小規模火災もたびたび起こっている。そのため、宿場町を利用する際に気を付けなければならないことの第一は火災への対応であった。

大名行列はたくさんの荷物を持ち運んでいるが、本陣へ運び込む荷物の数を藩役人から本陣へ知らせておく。そして、本陣へ到着したら直ちにその宿場町の馬子《まご》（馬を引いて人や荷物を運ぶ人）を呼び出し、荷物を積むために必要な馬の数を知らせる。その上で、藩主が本陣に宿泊している際にもしも火災が発生した場合は、直ちに本陣へ駆けつけ、荷物を退避させるように申し付けておかなければならない。

非常時のために、足軽を宿場町の出入り口や宿内の横小路がある場所に配置しておく。火災発生時は、風上であれば火元の近く、風下であれば安全な距離をとったところに足軽を立たせて目印にしておく。馬子へは、足軽がいる場所へ荷物を積んだ馬を連れていくように言い聞かせておく。

避難の際に紛失物があった場合は、紛失物を箇条書きにした書類を本陣と問屋《といや》役へ渡しておく。本陣・問屋役からは、直ちに調査し、発見次第速やかに差し出すことを記した証文を提出させる。ただし、本陣・問屋役が被災して焼失した場合は証文を取ることは難しいので、近所で火災が発生した場合のみの対応とする。

たとえ荷物が焼失するようなことになったとしても、荷物は必ず馬に積まなければならない。もし人足に持たせて退避させた場合は、本陣が無事だったとしても、荷物の過半は持ち逃げされて紛失することになってしまう。

本陣の従業員が裏山などへ荷物を退避させようと申し出てきた場合は、そのとおりにしてもよい。こちらから人を付けて運び出すように心掛けておけば、荷物が紛失することは少なくて済む。

② 宿場町で出火した時の届出の先例

本陣宿泊中に火災が発生して避難した場合は、そのことを幕府に届け出なければならなかった。その有り難くない先例として、次の事例があげられている。元文《げんぶん》五年（一七四〇）四月一日、会津藩主松平容貞《かたさだ》が江戸に参府する途中、下野《しもつけ》国氏家《うじいえ》宿（栃木県さくら市）の本陣で宿泊していたところ、夜中に火災が発生して宿場町の大半が焼失してしまった。容貞は氏家宿から江戸方面へ約三キロメートル離れた鬼怒《きぬ》川沿いの阿久津《あくつ》河岸へ避難し、そこの米問屋に宿泊して事なきを得た。

四月四日付けで、会津藩士中根新八から幕府老中へ火災のあらましと会津藩の対応を記した報告書を届け出た。

川札の値下げ交渉

③　船割の心構えについて

参勤交代を遂行する上で重要な宿割《やどわり》・宿払《やどばらい》・船割《ふねわり》（川割）の三役についても、それぞれ注意するべき点が記載されている。まずは船割の心得である。

大井川などの川越《かわごし》人足に渡してもらう川では、川札（川を渡してもらうための切符）を購入しなければならなかった。川札の値段は水深や川幅によって決められ、その内容は川会《かわかい》所《しょ》（川越に関する事務を扱う役所）前の高札場《こうさつば》に掲示された。川札の値段を値切ろうとしても川会所の役人が応じることはなく、たとえば川札一枚につき銭七五文と決められたら、七四文に負けてくれと言っても、一文たりとも負けることはない。

そのため、川札の値段交渉をする場合は「金一両につき川札何枚購入したい」と交渉すればよい。現代人の感覚ではややこしくてなかなか理解し難いが、江戸時代は金・銀・銭の三貨制度が採られていた。それぞれを交換する場合は、幕府が定めた公定相場が存在していたが、実際には変動相場で取引がおこなわれていた。金と銭の公定相場は「金一両＝

銭四〇〇〇文（四貫文《かんもん》）」であったため、七五文の川札であれば五三枚買えることになる。それをたとえば「金一両で六〇枚購入したい」と交渉して成立すれば、川札一枚あたりの値段は銭六四文に値下げされることになる。

ちなみに計算すると、六四文×六〇枚＝三八四〇文となり、四〇〇〇文÷六〇枚は単価六六文余では？　と思われるかもしれないが、これまた「九六銭《くろくぜに》」というややこしい慣習が原因である。「九六銭」とは銭九六文を銭一〇〇文と数えるやり方で、こうなった理由は諸説あるが、金貨の数え方が四進法であったため、一六などキリのよい数字で割り切れる九六が計算しやすく便利だったからとも言われている。計算すると三八四〇＝九六×四〇であり、九六を一〇〇に置き換えると、ちょうど四〇〇〇になる。

この金一両あたりの枚数で交渉すれば、川会所役人は川札を値下げしたのではなく、銭相場によって取引したことになるので、上手《うま》くいくというのである。一見屁《へ》理屈のようにも見えるが、この方法であれば双方の体面を汚すことなく交渉が丸く収まった。もちろん交渉の過程で川会所役人に袖の下が渡されたであろうことは想像に難くない。

街道における正規の渡船場以外で船を借り、御供を裏ルートで抜け回りさせようとする場合は、本陣や問屋役を通すと高額になるので、川役人がいる場合は必ず川役人に話をする。川役人がいないところでも、渡船場があるところは庄屋や名主が川役人を兼任しているはずなので、その者に面会して「街道の渡船では御供が全員川を越すのに手間取るので、船を何艘《そう》申し付けてほしい」と話をすれば、内々に船を出してもらえる。表向きに依頼すると、法令に則って助郷《すけごう》船を出させることになるので高い値段を払うことになる。ただし、これも川の水深によって値段が上下する。

この方法はあくまで藩主は正規ルートを進むという前提で、御供の一部を非正規ルートで渡河《とか》させることで時間と費用を節約しようというやり方である。

宿割の心構え

④　宿割の心構えについて

次は宿割についてである。第二章で見たように宿割の後藤幸蔵は苦心を重ねて宿泊先を確保していたが、川止めがあると日程が変わってしまうため、行列が国元に着くまで気が休まることはなかった。

もし川止めになりそうな場合は、よくよく天候を考慮し、雨が降り続いてすぐに川止めが解除（川明き）されるような見込みが薄ければ、予定を変更してでも、川よりも一、二宿前を宿泊地とするほうがよい。もしも川止めが長引くと、行列を後戻りさせることはできず、その宿場町に長逗留《とうりゅう》することになり、そうなると旅籠《はたご》代が値上がりして出費が嵩《かさ》むことになってしまう。

宿割は行列本隊に先行して進み、藩主が宿泊する本陣や、御供の家臣が分散して泊まる旅籠屋（下宿《したやど》）を検分した。本陣を検分する場合は、非常時の避難経路を考えてよく調べることが第一とされた。今でもホテルや旅館に宿泊すると部屋に避難ルートが表示されているが、当時も万が一を想定した避難経路の確保が最重要とされた。戸の締まり具合も入念に調べ、地震発生時に雨戸が開かなくなることがないか注意した。

宿割VS.旅籠屋

下宿となる旅籠屋には、宿割が出入り口に「宿札」を打ち付けておき、予約済であることを示した。基本的には本陣を中心に周囲の旅籠屋を貸し切るのだが、あまりにも評価の悪い旅籠屋には宿札を打たずに避けた。ところが、宿割が立ち去った後で宿場町の者が勝手に宿札を打ち替えてしまうことがあった。そのため、悪い旅籠屋にも宿札が付いていることがあり、後から来た何も知らない御供が、宿割が決めた下宿だからと泊まってしまい迷惑するということが起きた。こんなひどい旅籠屋に泊まらせたのは不調法であると、宿割がとばっちりを受ける可能性もあった。

宿場町の者がこのような勝手をしたのは、一般の旅人が大名行列の下宿の間に挟まれて宿泊することを遠慮して避けてしまうためである。宿割役人が避けるひどい旅籠屋だと一目でわかってしまうことも災いしたのであろう。こうした事態を回避するために、宿場町側としては御供の宿は一ヵ所に集めておき、その両端に一般客も泊まれるように旅籠屋を確保しておきたいという心理が働いたためであった。

こうした事態が起きないようにするためには、あらかじめ**図5**（134ページ）のように宿割図を作成しておけば、後からやってきた行列がその図を見て、旅籠屋がすり替えられていないかを確かめることができる。こうした手段を講じなければ、いくら宿割が旅籠屋を精査して宿札を打ったとしても無駄な努力になってしまい、宿場町側に宿の割り振りを依頼するも同然になってしまうのである。

また、方向音痴な御供がいることを想定して、宿札を打ち付ける場所は、進行方向が上りの場合は上り側に、下りの場合は下り側にしておけば、たとえ行列の出発に間に合わない御供がいたとしても、どちらに進んだかが一目でわかり、行列に合流することができた。

映画の話に限らず参勤交代は超高速が基本で、一般的な旅人よりも早く進むため、出発時刻に間に合わなかった者がいれば、行列の体形を崩してでも用捨なく置き去りにしていったのである。

行列の御供は、重役から末端の徒《かち》や中間《ちゅうげん》までランク付けされており、彼らが宿泊する旅籠屋もランクごとに割り振られていた。とくに「がさつ」な者が多いと言われる下のランクの御供は、旅籠屋にとっては有り難くない客であったらしい。そのため、宿割から下のランクの宿に指定されそうになると、「うちは雨漏りがするので御供の宿を勧めることができません」と言って断ることがあった。さすがに「雨漏りしていてもよいから泊めろ」とは言えず、宿の確保が困難になってしまう。

そうした事態を防ぐためには、あらかじめ宿泊するすべての人数を見積もっておき、用《よう》人《にん》や中小姓《ちゅうごしょう》など上のランクの下宿にすると言って予約すればよい。旅籠屋側が「畏《かしこ》まりました」と言って引き受けたら宿割の勝ちだ。後から「やはり徒や中間の下宿に変更する」と申し付けて変えてしまえばよいのである。一度宿泊を引き受けた以上は、その段階になって「やはり雨漏りが……」のような言い逃れはできない。宿割と旅籠屋の間では、こうした人知れぬ闘いが繰り広げられていたのである。

宿割はつらいよ

宿割の頭を悩ませたのは旅籠屋だけではない。宿泊地をめぐる強力なライバルである他藩の参勤交代や幕府役人の行列とのせめぎ合いも激しかった。

主要な街道の宿場町には、大名が宿泊する本陣が必ず設置されていた。本陣は各宿の有力者が個人で経営しており、没落して経営者が代わることもあった。二川宿のように小さな宿場町は本陣が一軒だけであったが、城下町のような大きな町や、川止めが起こるような大河の近くでは、複数の本陣が存在する宿場町もあった。

たとえば、本陣が二軒ある宿場町で片方の本陣に先客がおり、相宿《あいしゅく》になる場合は面倒であった。本陣は軍の大将である大名が宿泊する施設であるため、一軒につき一人の大名しか泊まれない。相宿とは、一軒の本陣に複数の大名が一緒に宿泊するという意味ではなく、複数の本陣がある宿場町で、それぞれの本陣に大名が宿泊している状態を指す。

二軒の本陣のうち、一軒がふさがっている状態でもう一軒に宿泊する場合、先に来た行列の宿割が旅籠屋を選り好みして宿札を打つようなことがあると、次ページ**図6**のように、こちら（A）の本陣の周囲に他藩（B）の下宿が存在することになり、こちらの下宿は本陣から遠く離れてしまい、火事などの非常時に対応が後手になる恐れがあった。

図5　宿割図の例

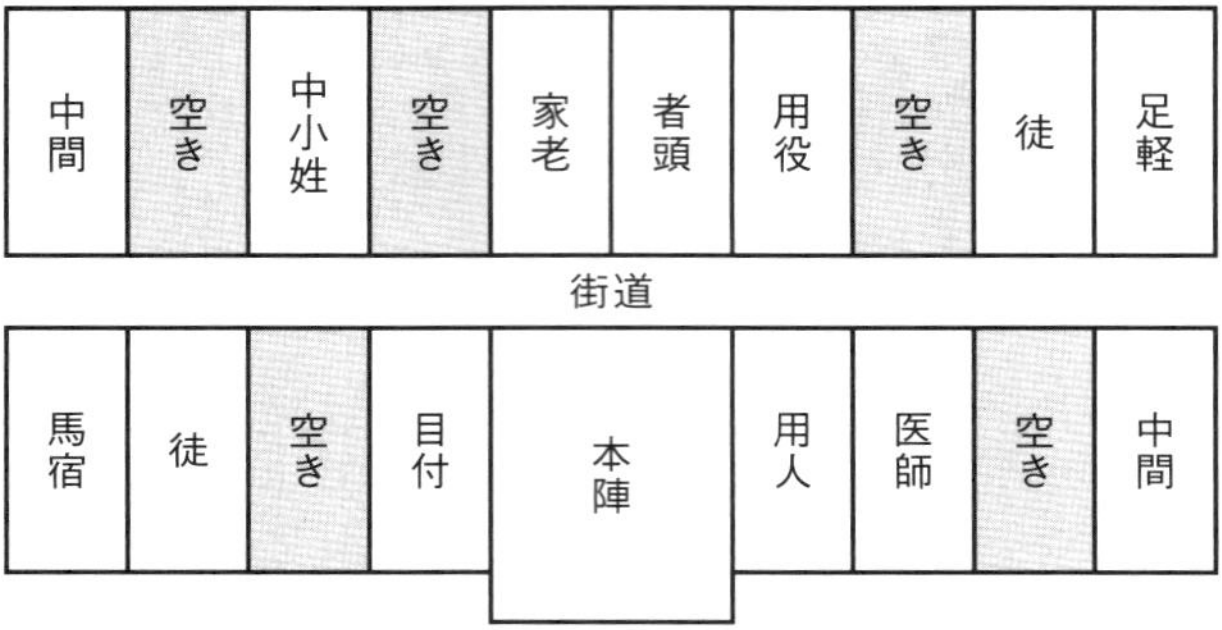

図6　大名Bが下宿を選り好みした場合

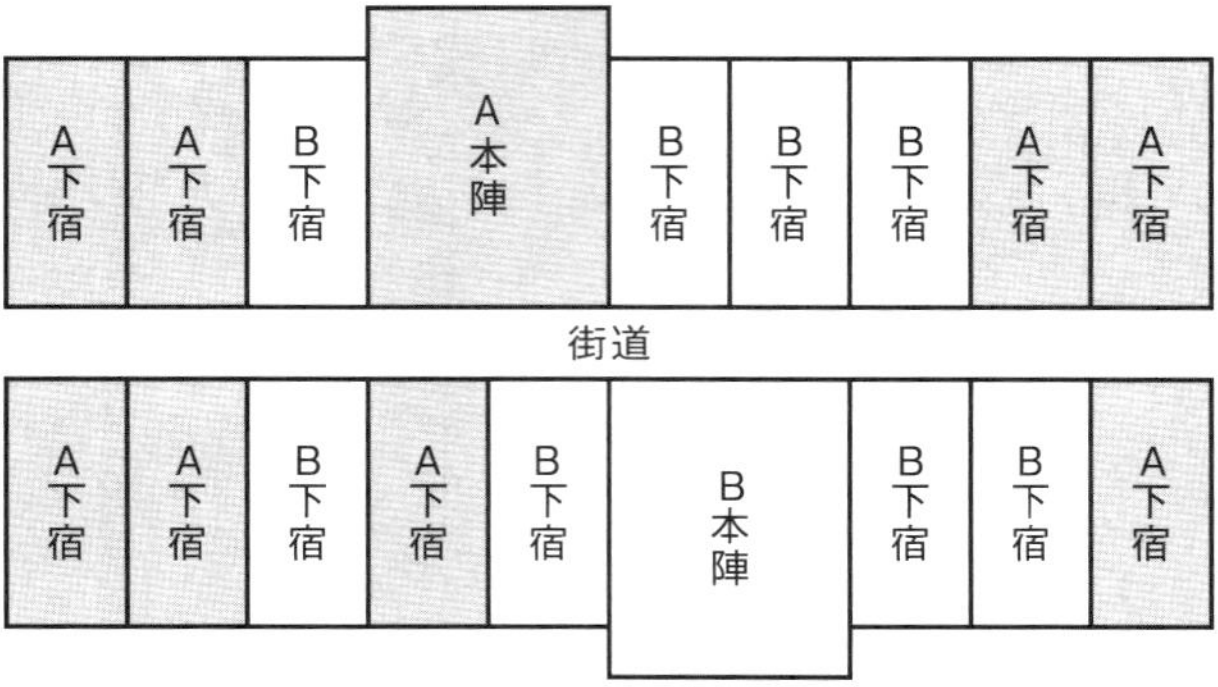

図7　本陣が向かい合っている場合

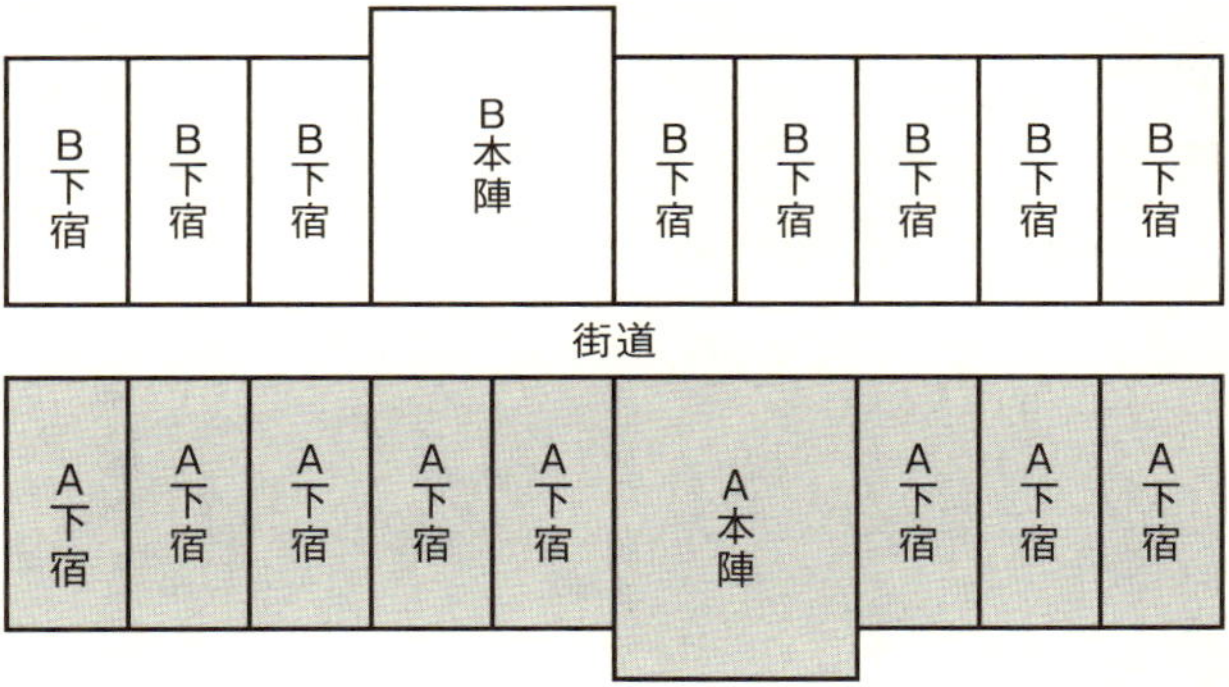

図8　本陣が同じ側にある場合

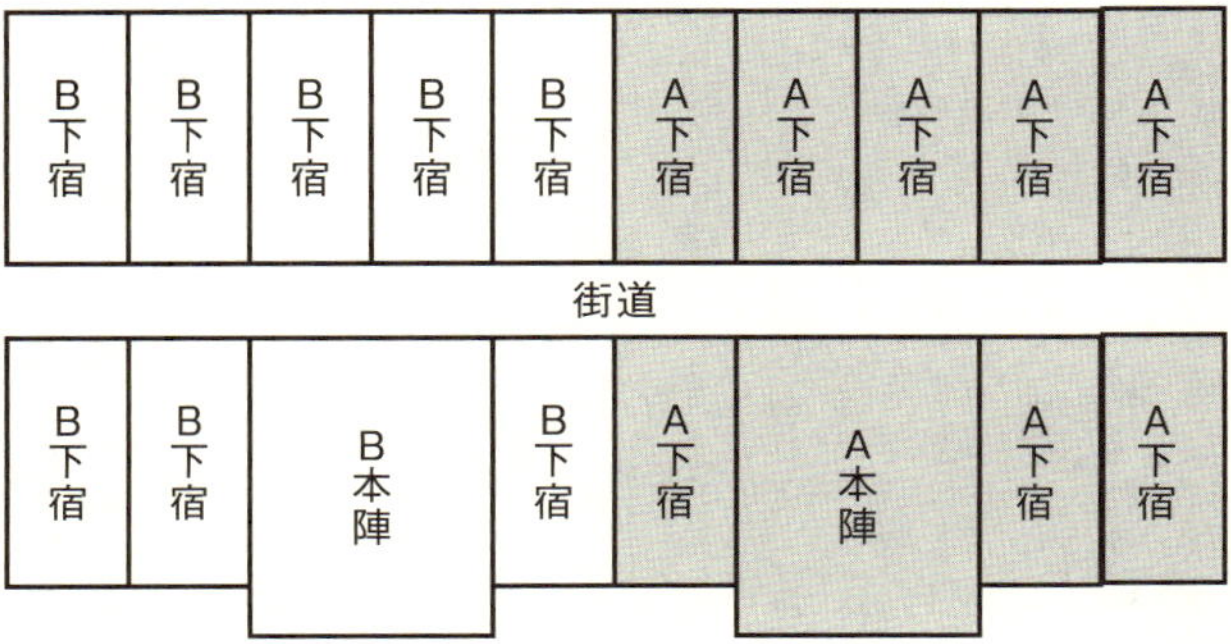

相宿になる場合、本陣が街道を挟んで向かい合っている宿場町では、図7のようにそれぞれの本陣がある側の旅籠屋を下宿とする。本陣が同じ側にある宿場町では、図8のように上り方と下り方に線引きをして下宿を分け合えばよい。そうした心遣いをせずに選り好みをして下宿を確保している先客がいた場合は、断固としてこちら側の下宿を取り戻さなくてはならない。

ネゴシエーター宿割

交渉時の論法は「本陣が二軒ある宿場町で、ほかの本陣の下宿にまで宿札を打ってあるのは宿割の不調法である。それを引き受けた本陣と旅籠屋も同様に不調法であり、幕府が定めた規定に背くことになる」という具合であった。その際、本陣に対して「この宿の本陣は一軒の定めか？　それとも二軒の定めか？」と問いかける。もし「一軒の定め」と答えたならば、もう一軒は本陣ではなく脇本陣ということになる。脇本陣は本陣の予備施設であり、相宿の際や本陣が使用できない場合に利用された。普段は旅籠屋として経営しているため、本陣のように下宿を用意する必要はない。その場合は、当然下宿を明け渡してもらうことはできないので、「脇本陣から遠く離れた下宿を利用するくらいならばこの宿場町での宿泊を取りやめる」と半ば脅しに近い相談を持ち掛けることになる。そして脇本陣になると、今後は大名が宿泊する機会が激減することになる。逆に「二軒とも本陣である」と答えた場合は、幕府が定めた本陣であれば必ず本陣付きの下宿があるはずで、それを別の本陣の下宿とすることは違法であるから、こちらへ明け渡すように厳しく申し付けなければならない。

どの宿割もこのような面倒には巻き込まれたくないので、人数が多い行列や、相手が格上の行列の場合はなるべく相宿を避けた。ちなみに、天保二年（一八三一）に松平信順が大坂城代として現地に赴任する途中、小田原宿で参府途中の三河岡崎藩主本多忠考《ただなか》の行列と相宿になった。通常であれば幕府要職で行列の人数も多い大坂城代との相宿は恐れ多いと避けるのだが、岡崎藩はあえて小田原宿本陣を通じて吉田藩へ「相宿してもよろしいか？」と申し入れてきた。小田原宿は本陣を三軒擁する大きな宿場町であり、同国の誼《よしみ》でもあるので吉田藩も申し出を受け入れ、相宿することになった。

相宿をしたくない相手

他藩の行列よりもかかわり合いたくないのが幕府役人の行列であった。とくに二条城や大坂城を警備する「番衆《ばんしゅう》」一行の宿割は、五〜一〇日も前に宿場町へやって来て、「御用札」という宿札をこれでもかと打ち付けていった。たとえば一〇軒の下宿で足りるところを三〇軒も打っていたという。

本陣は番衆の指揮官である大番頭《おおばんがしら》でなければ利用できない定めであったが、番衆だけでも本陣へ予約を入れることがあった。もし大番頭がいないにもかかわらず本陣に御用札が打ち付けてある場合は、宿割は本陣にその札を外させ、下宿も番衆の人数を超過する分は返上させる。もし本陣が異議を唱えた場合は、次のような証文を書かせた。

御番衆様が御用札を御打ちになられたので、〇〇様（大名）から宿泊を仰せ付けられましたが、御番衆様の宿泊を御受けしたので御断りしました。下宿も何十軒御用札を御打ちになられたので御受けしました。以上、間違いございません。

このような証文を本陣と宿役人の名で宿割へ提出させ、後日街道を管轄する幕府の道中奉行へ差し出すことにする。この内容では、大番頭がいないにもかかわらず番衆を泊めたことになり、自ら幕府の定めに違反していますと宣言することになる。もし本陣が証文作成に難色を示せば、「それならばこちらの宿泊を引き受けよ」と強気に出ればよい。

証文を受け取ったならば、道中奉行へ差し出し、「旅行するのに難儀いたしました」と届け出れば、本陣が越法行為をしたことになり、御用札を打ち付けた番衆も不調法があったとして処分の対象となる。

各宿場町に対しては、毎年のように「番衆が通行する際には余計な御用札を引き受けてはならない。大番頭以外を本陣に泊めてはならない。人馬や渡船を規定以上に差し出してはならない」という触書が道中奉行から出されていた。同様の内容は、大番頭から番衆へも言い渡されていた。しかし、繰り返し同じ触書が出されるということは、いくら言っても効果がなく、幕府の権威を笠に着て無理難題を押し通そうとする番衆がそれだけ多かったということの証拠でもある。

ちなみに、江戸時代後期の徳島藩主蜂須賀斉昌《はちすかなりまさ》は、参勤交代のたびに道中日記を記しており、率直な意見を綴っている。斉昌は文化七年（一八一〇）に二条城大番頭とトラブルになったことから幕府役人に対してはよい感情を持っていなかった。文化一五年に弥勒《みろく》（静岡市葵区）で小休中に二条城大番頭が通行したことについて「甚《はなは》だ癪《しゃく》なり」と記している。なお、天保二年（一八三二）には大坂へ上る信順の行列ともすれ違っており、斉昌が使者を送ったにもかかわらず、信順は自身が産穢《さんえ》（子が生まれた際に父母が受けるとされるケガレ）であるとして挨拶《あいさつ》をせず、すれ違った家臣たちも無礼であったとして、斉昌の怒りを買っている。

旅費節約のしわ寄せは御供に

⑤　宿払の心構えについて

三役のトリは宿払である。道中で経費の支払いをする役人で、ここでは川止めになった際に御供へ渡す旅費を抑える方法を紹介する。

川止めになってしまうと、人の移動だけではなく物流も遮断されてしまう。長期間に及ぶと、宿場町で米・薪《まき》・塩などの必需品がなくなってしまう。行き来できる村から調達できたとしても、物価が大幅に上がってしまうので、御供から旅費を増やしてくれと依頼されることになる。そのような状況になれば、物価に応じて旅籠代を少しずつ増やして渡すか、料理の品数を減らさせて対処することになる。

もし川止めになることが予見できた場合は、最初に宿場町に着いた時点で銭相場を聞いておき、そこで何泊したとしても御供へ渡す旅費の銭相場を上げないことにする。たとえば最初に金一両＝銭四貫文の相場であれば、滞在中はそれを変動させず、小判（金）で御供に渡すことにする。そうすれば、銭相場が上昇したとしても元の低い相場で旅費を渡すことができる。つまりは物価上昇分のしわ寄せが御供に行くということで、御供の面々にとっては何とも有り難くない対処法である。

紛失物はお金で解決？

⑥　荷物の監督者の心構えについて

馬に乗せた荷物（駄荷《だに》）は宿継ぎで運ぶため、宿場ごとに次の馬に積み替えた。積み替え時には、荷物の数を数えて馬子に伝える。渡船場で船に積み込む場合は、先に一人が船に乗り込んで、ほかの船に間違えて積むことがないように監視役を務める。陸には三～五人を残しておき、船積み作業を見守る。

複数の人足で運ぶ長持は「足無し荷物」になることがあった。人足が足りず運べなくなった荷物という意味である。もし請負人足に病人が出て足無し荷物になってしまうと、臨時に「小揚げ」という人足に運ばせるため、高額な「小揚げ代」を要求されることになってしまう。

もし足無し荷物になってしまった場合は、残っている元気な人足も法外な小揚げ代を要求し、断ると逃げ出してしまうこともあった。そうなってしまうと、その荷物は宿場町の問屋から高額な手伝い人足を出してもらい運ぶことになった。そのため、長持を運ぶ人足が三人よりも少なくなったら、所々で人足を雇って二人にならないように気を付けなければならない。そうしておけば、もし急に人足の一人が腹痛などを訴えてきたとしても足無し荷物になることはない。

⑦ 紛失物があった時の対処

途中で荷物が紛失するようなことになった場合は、馬や人足を出して前の宿場町まで戻り、問屋役に掛け合って調査させる。ただし、雲助《くもすけ》（住所不定の人足）に持たせて紛失してしまった荷物は、取り調べをすることができないため、あきらめるしかない。

宿泊していた宿場町で紛失したことが明らかな場合は、その宿場町の責任者に調査させる。すぐに発見されない場合は、調査して報告することを約束した証文を書かせる。この証文は後日藩から道中奉行へ届け出ることになるが、同時に宿役人からも道中奉行へ届け出させる。

もし、お金で弁償したいと詫《わ》びてきた場合は、内々に応じてお金で解決すればよい。紛失物が書物や刀の場合は、もし盗んだ者が質屋などに売ればすぐに足がつくため、大抵の場合は発見される。換金しやすい衣類や現金を紛失した場合は、お金で弁償すると申し出てくることがほとんどなので、事を荒立てることなく素直に聞き入れるほうが賢明だ。

⑧ 本陣・問屋・川役人・下宿の主人に不届きがあった時の対処

本陣・問屋役・川役人・下宿の主人などに荷物の紛失などの不届きがあった場合は、その内容を証文に書かせて道中奉行へ差し出し、道中奉行が取り調べをおこない処分を決定する。

幕府からは、訴訟のために彼らを江戸に連れてくるのは宜しくないという通達が出ており、実際に宿場町の責任者を大勢連れていけば、交通に支障をきたすことになってしまう。そのため、証文を道中奉行に差し出して一任するように触書が出されていた。つまり「証文を書くこと＝取り調べを受けること」になるため、宿場町側にとって証文を書くことのハードルは高く、ひじょうに迷惑なことであった。

御供のアクシデント

⑨　御供に乱心者が出た時の対処

行列人数の大半が雇人足であるとはいえ、正規の藩士の御供も数十人おり、彼らが問題を起こすこともあった。乱心者が出てしまった場合は、箱根関所と今切《いまぎれ》関所の間であれば江戸へ送ることとされた。江戸から離れる上りの道中の場合、乱心者であれば今切関所を通過する際に関所手形が必要になる。関所手形は鉄砲手形や女手形が有名だが、囚人・乱心者・手負い人（負傷者）、そして遺体も手形が必要であり、発行手続きに日数を要することになってしまう。しかし箱根関所を通過して江戸に入る場合は、御供の責任者が作成した証文で事足りたため、江戸に送るほうが少ない手間で済んだ。

証文の文例は次のとおりである。

覚

何の何の守家来、侍一人（または、足軽一人、中間一人）何の駅において乱心いたし候につき、手錠を掛け（または、縄にて巻き）乗物にて江戸屋敷へ差し越し申し候。御関所相違なく御通し成し下さるべく候。後証《こうしょう》のため斯《か》くの如くに御座候。以上。

年号月日

箱根御関所　御番衆中

何の何の守内　誰印

⑩　御供に負傷者が出た時の対処

手負い人が出た場合も、乱心者と同様の取り扱いとされ、今切関所を通過して上方へ向かう場合はやはり関所手形が必要になるため、御供の責任者が証文を作成して江戸へ戻すほうが得策であった。

証文の文例は次のとおりである。

覚

何の何の守家来、何の駅において侍同士で喧嘩つかまつり、一人即死つかまつり候につき当駅において片付け、手負いの者何人乗物にて江戸屋敷へ差し越し申し候。御関所相違なく御通し下さるべく候、後証のため斯くの如くに御座候。以上。

年号月日

何の何の守内　誰印

箱根御関所　御番衆中

⑪ 御供に死者が出た時の対処

病人の容態が悪化し、回復の見込みがない場合は、その土地の医師に診察させて、とにかく病名を付けさせる。各宿場町には必ず医師がおり、大名行列の御供に限らず一般旅行者も診察した。東海道二川宿にはもともと医師がいなかったが、元禄《げんろく》年間に遠州から医師を招いて移住させている。この動きは文治政治を推進した五代将軍綱吉《つなよし》が出した「生類憐みの令」との関連で起こったものであり、病気になった旅人を故郷へ送り届ける「村送り」など、この時期から旅行者に対するセーフティネットが敷かれるようになった。

もし病死してしまった場合は、滞在していた旅籠屋に次のような証文を書かせる。

覚

何の何の守様御家来何某《なにがし》殿と申す御方、私方に御宿つかまつり候ところ、何御病気にて当何日御病死に紛れ御座なく候。当駅医師何の何某の薬相用い申し候。後証のため斯くの如くに御座候。以上。

年号月日

何駅宿屋　誰印

このような証文を提出させ、その宿場町の寺院へ頼んで遺体を置かせてもらう。その際には旅籠屋の証文に加え、藩側からの証文を添付して寺院へ渡さなければ、遺体を安置してもらえなかった。添付する証文の文例は次のとおりである。

覚

何の何の守家来何某と申す者、当病にて何の駅において当何日病死いたし候につき、貴寺へ御頼み申し取り置き申し候。この者義につき万一後日子細も出来《しゆつたい》いたし候とも、少しも貴寺へ御苦労に懸け申すまじく候。後証のため斯くの如くに御座候。以上。

年号月日　　　　　　　何の何の守内　何某印

遺体を安置してもらうからには、後日どのような面倒事が発生したとしても、寺へは少しも迷惑をかけないという内容である。

殺害されてしまった者の場合は、その宿場町の本陣から寺に宛てて、次のような証文を書かせる。

覚

何の何の守様御家来何某殿、当駅において傍輩《ほうばい》の何某殿と当座の意趣により喧嘩これ有り即死。疵《きず》何か所。これにより相手何某殿御家法の御仕置仰せ付けられ、右即死人は当所何寺において取り置きの義御頼みにつき、何の守様御家来中よりも証文取り、右の趣《おもむき》子細これ無き間、添証文差し上げ候ところ実正《じつしょう》なり。よって件《くだん》の如し。

年号月日　　　　　　　　　　　　何の駅本陣　何某印

何寺

一方、藩側から本陣へは、次のような証文を渡す。

覚

何の何の守家来某、傍輩の何某と当座の意趣にて喧嘩いたし、何某を切り殺し候につき、当所において取り置き相頼み申し候。相手何某は江戸表へ差し遣わし、屋敷において家法のとおり仕置申し付け候。この義において、後日いか様の義これ有り候とも、こちらへ引き受け埒《らち》明け、当所へ少しも世話懸け申すまじく候。切り殺され人死骸、当所何寺へ取り置き相頼み申し候ところ実正なり。後証のため斯くの如くに御座候。以上。

年号月日

さらに寺に対しては、次のような証文を渡す。

何の何の守家来何某、傍輩の何某と申す者と当座の意趣にて喧嘩いたし切り殺され、手傷何か所これ有り候。右の者貴寺へ御取り置きくだされ候様、御頼み申すところ実正なり。この者の義につき、後日万一いか様の義出来候とも、少しも御苦労懸け申すまじく候。後証のため斯くの如くに御座候。以上。

年号月日

何の何の守内　何某印

何寺

本陣から取った証文とこの証文を合わせて寺へ依頼すれば、問題なく遺体を安置してもらえた。この事例のように、同じ家中の侍同士のケンカであれば、その藩内で事を済ませることができた。

殿様の一大事
⑫ 道中で殿様が病気になった時の届け出について

マニュアルのラスト三ヵ条は、行列の主である藩主の身に異変が生じてしまった場合の対処法である。

参勤交代の道中で藩主が病気になってしまった場合、一日半や二日までは届け出は不要とされたが、他藩の城下町などの場合は臨機応変に届け出るケースもあった。一日に一宿でも先へ進めば旅行中と見なされ、届け出は不要とされた。

とはいえ、あまりにも遅れる場合には届け出が必要で、たとえば月の三日か四日頃に江戸到着のつもりで国元を出発したものの、道中のアクシデントで一〇日過ぎの到着になりそうな時は届け出ることになっていた。帰国の道中であっても、予定より一〇日以上遅れる場合は届け出た。

こうした届け出が必要とされた理由は、参府の場合は同時期に参府した諸大名が一同に将軍へ御礼を述べる儀式に間に合わないことが想定されるためである。帰国の場合も、幕府に対して国元へ無事到着したことを伝える使者の派遣が延期になることを考慮して届け出たが、五日程度の延期は問題なしとされていた。

藩主が道中で病気になった場合の届書の文例は次のとおりである。

私儀、何日何の駅まで旅行いたし候ところ、何病気にて旅行いたし難く、何の駅にて養生いたし罷《まか》りあり候。これにより着日限延引つかまつるべく候。右の段御届け申し上げ候。以上。

月日

御名（藩主の名前）

病気が回復して、その宿場町を出発する際の届書の文例は次のとおりである。

私儀、病気段々快罷り成り候間、今何日何の駅出立つかまつり候。いまだ全快つかまつらず候につき、少々ずつ旅行いたし候。これにより着日限延引つかまつるべく候。御届け申し上げ候。以上。

月日

御名

⑬　道中で病気になった殿様が江戸へ引き返す時の願書について

藩主が道中で病気になり、さらに旅行を継続することが困難で、江戸に引き返して養生する場合の届け出は、幕府と大名の間を取り次ぐ旗本である御用頼《ごようだのみ》の先手衆《さきてしゅう》へ依頼して、次のような文例の願書を老中へ提出してもらう。

私儀、今何日江戸表発足いたし、何の駅まで旅行いたし候ところ、何病気にて旅行いたし難く、これにより滞留いたし養生つかまつり候段、先だって御届け申し上げ候。然るところ、いよいよもって相勝《すぐ》れ申さず、長途の旅行つかまつるべき体御座なく候につき、帰府いたし養生、快気次第発足つかまつりたく願い奉り候。以上。

月日

御名

⑬は⑫より状況が深刻化した段階であり、文書の様式も内容変更を報告するだけの届書から、許可を得なければならない願書にランクアップしている。

マニュアルでは実際の先例として、享保《きょうほう》一五年（一七三〇）一〇月一二日に豊後杵築《ぶんごきつき》藩主松平親純《ちかずみ》が病気のため小田原宿から江戸へ引き返した事例と、同一九年八月二八日に丹《たん》後宮津《ごみやづ》藩主青山幸秀《よしひで》が病気のため保土ヶ谷宿から江戸へ引き返した事例を紹介している。

⑭　川止めになった時の届け出について

川止めになった場合は、病気届と同様の対応をとった。一日半から二日までは届け出る必要はなかったが、城下町であれば届け出ることとされた。ここでも一日に一宿でも先へ進めば旅行中と見なされ、届け出は不要とされた。もし二日や三日も足止めされるようであれば、川明け後に次のような文例の届書を出した。

口上之覚

私儀、去る何日何の駅まで罷り越し候ところ、何川水増し、越御座なく候間、何の駅に逗留つかまつり罷りあり候ところ、今何日何時より越御座候につき、今日かの駅発足つかまつり候。これにより御届け申し上げ候。以上。

御名

月日

⑮ 道中で殿様が亡くなった時の対処

もっとも深刻な事態は、旅行中における藩主の死亡である。ここで手順を誤ってしまうと、お家断絶の危機にもつながりかねない。

藩主が急死した場合、とりあえず真実を伏せて⑫の病気届を提出し、宿場町に滞在して養生しているように装う。その後に次のような家督願いを老中宛てに提出する。

願い奉る口上の覚

私儀、先だって御届け申し上げ候とおり、病気段々差し重なり候につき、万一不慮の義も御座候はば、悴何某へ（もしくは、仮養子つかまつり置き候誰へ）家督仰せ付けられ下され候様願い奉り候。以上。

月日　　御名　御両判（印鑑と花押）

御老中様方御連名

藩主がまだ生きているものとして、万が一自分が死亡した場合には、嫡男（いない場合は出発前に幕府へ届けておいた仮養子）が家督を相続することを願い出た。願書には藩主本人の意思であることを示すため、印鑑（印判）と花押（書き判）の二つ（両判）を添えた。家督願いは、藩主の親族が直接持参し、御用頼の先手衆に同行してもらって、月番の老中へ差し出した。

この願書を提出した後に、藩主の死亡届を提出することになる。嫡男がいない場合には親族の代表者が次のような文例の届書を提出した。

何の何の守儀、病気養生相叶わず、何の駅において去る何日死去いたし候段申し越し候につき御届け申し上げ候。以上。

月日

御一家様　御名（親族の名前）

嫡男がいる場合は次のとおりである。

同姓何の守儀、病気養生相叶わず、去る何日何刻何の駅において相果て候由ただ今申し越し候。御届け申し上げ候。以上。

月日　御名（嫡男の名前）

死亡届を提出するタイミングも不自然にならないように考慮しなければならない。家督願いを老中が受け取った後、藩から「願書をお受け取りいただき、かたじけなく存じ奉ります」というお礼の使者を老中のもとへ差し出すのだが、まずはこの使者を差し出すタイミングを計らねばならない。直ちに使者を差し出すのではなく、江戸からの早飛脚が「老中が願書を受け取った」という知らせを藩主が養生していることになっている宿場町にもたらして、その返事が戻ってきたであろう頃を見計らって差し出すのだ（早飛脚は実際には出さない。単にタイミングを計るための仮定の話である）。それからようやく死亡届の提出となる。

以上の手順は、江戸からも国元からも離れている場所での不慮を想定したものである。江戸の近くであれば重病のまま江戸に戻ってきたことにすればよいし、国元の近くであれば無事に到着したことにして手続きを進めれば穏便に済んだ。

参勤交代の道中で病死した大名としては、肥前島原藩主松平忠刻《ただとき》、日向《ひゅうが》佐土原《さどわら》藩主島津忠徹《ただゆき》らが知られる。マニュアルでは道中における不慮の先例として、享保一四年一月二二日に出羽《でわ》山形藩主堀田伊豆守正虎《まさとら》が大坂城代として赴任する途中の伊勢亀山宿で死去した事例を紹介している。ちなみに、正虎の後任として大坂城代に任命されたのが吉田藩主松平伊豆守信祝《のぶとき》である。偶然にも両者とも「伊豆守」を名乗っていたことから、「これやこの　行きも帰りも伊豆守　死ぬも死なぬも大坂の役」という狂歌がうたわれたという（百人一首の「これやこの　行くも帰るも別れては　知るも知らぬも逢坂の関」のパロディ）。

　参勤交代を題材とした書籍やドラマで取り上げられやすいのは、このマニュアルの後半に挙げられているような、刃傷《にんじょう》沙汰や藩主の急死といったアクシデントの数々である。そうした不測の事態はインパクトがあり、それにまつわる記録が残されていることも多いため、参勤交代を紹介するにはうってつけである。ただし、それらはあくまでもイレギュラーな出来事であり、参勤交代の多くは大嶋左源太のような御供の責任者をはじめとする人々の並々ならぬ努力に支えられ、表面上は何事もないかのように粛々と日本全国を往き来していたのである。

第五章　若殿様のお国入り道中

行列の構成

大名行列は無秩序に行進したわけではもちろんなく、きちんと並ぶ順序が定められていた。道中で並び順を確認するために大嶋左源太が懐に入れて持ち歩いたものが「御道中行列帳」である。長さ一六八センチメートル・幅五センチメートルの紙の両面に行列の構成が記載され、それをつづら折りにしてある。畳んだ時の大きさは縦一一センチメートル・横五センチメートルとコンパクトである。

この「御道中行列帳」を図示したものが**図9**（162〜163ページ）である。これは「惣行列《そうぎょうれつ》」と呼ばれる隊列で、主に城下町・昼休・関所の前・川の前で整えた。長い行列であるが、細かく見ると一〇の行列から構成されていることがわかる。①は使番《つかいばん》としての役目を与えられた用役《ようやく》春田孫兵衛《まごべえ》、②は先馬二匹《ひき》の後に大鳥毛槍《おおとりげやり》・具足櫃《ぐそくびつ》・竪弓《たてゆみ》・弩瓢《どひょう》といった武器類が続いた。武器類は中間《ちゅうげん》が持って行進し、その側には交代役の手代《てだい》が控えていた。③は行列の本隊である。前方に徒《かち》が並び、若殿信宝《のぶとみ》の駕籠《かご》の周囲を取り囲むように小納戸《こなんど》・近《きん》習《じゅ》・中小姓《ちゅうごしょう》などが配置され、後方には馬二匹、重要品を入れた革長持、刀箱などが続いた。④は長持や合羽籠《かっぱかご》といった道具類を運ぶ輜重《しちょう》隊、⑤は用人《ようにん》福富平太夫《へいだゆう》、⑥と⑦は医師、⑧は家老関屋弥一左衛門《やいちざえもん》、⑨は目付大嶋左源太《さげんた》、⑩は馬で運ぶ荷物である。①と⑤から⑨は重臣および医師を主とする小さな行列である。この惣行列の人数は二一〇人以上になるとみられ、残る一三〇人程度は別働隊であった。なお、日没後と夜明け前には提灯持《ちょうちん》ちが所定の場所に加わった。

60～61ページの**表2**「御供役割帳」と**図9**を見比べると、足軽身分である坊主を除いた御供の家中五六名のうち、信宝の行列に加わっている者は三二名と六割に満たないことがわかる。残りの御供は、昼休や宿泊先の本陣へ先回りして信宝を出迎える準備を進めた。また、信宝の身の回りを世話する役職は交代勤務制になっていた。

惣行列を組む場所以外では、御供の人数を減らして先を急いだ。宿場町を通行する際には、**図10**（164ページ）のように、先ほどの②の信宝本隊の行列を少し減らした隊列を組んだ（本行列《ほんぎょうれつ》）。宿場町や城下町の間で、松並木が続くような野間《のま》と呼ばれる場所では、**図11**のようにわずか二〇人程度の御供で進み、それ以外の御供は順次後に続いた（引行列《ひきぎょうれつ》）。街道はほとんどが野間であるので、参勤交代の大部分は引行列の状態で進んだことになる。人目の多い場所でのみ、主君の権威を誇示するために大人数の行列を整えたのである。

図9　御道中行列帳　惣行列　※二重傍線は家中、一重傍線は足軽

❶

口附　若党　槍

具足櫃　騎馬　春田孫兵衛　草履取　沓籠　合羽籠

口附　若党　挟箱

❷

手代

足軽　口附　厩小頭　口附　鳥毛槍

先馬　沓籠　先馬　沓籠

足軽　口附　口附　鳥毛槍

手代

手代

台笠　供小姓

大鳥毛槍　具足櫃　具足櫃　竪弓　竪弓　弩瓢　宰領足軽

手代二人　台笠　手代　手代　手代

手代

❸

挟箱　徒　徒　徒　徒　徒頭

徒　長刀

挟箱　徒　徒　徒　徒　徒目付　手代

手代

脇差筒　供小姓　中小姓　小納戸　近習　中小姓　徒目付　床几　草履取　持槍　坊主　口附　馬役　口附

御駕籠（若殿）　陸尺一〇人　草履取　長柄傘　茶弁当　水桶　牽馬　沓籠

刀筒　供小姓　中小姓　近習　近習　中小姓　手廻　笠　草履取　持槍　口附　口附

手代

手廻　押足軽

牽馬　沓籠　革長持　刀箱　両掛挟箱　同

押足軽

❹

宰領小足軽　供廻小頭

長持　長持　替乗物　合羽籠　同　同　同　同　竹合羽掛　同

同
同
同
同
同
同
同
同

提灯籠　同

押足軽　押足軽

⑤

具足櫃

竪弓

口附　騎馬　口附

若党　福富平太夫　若党

若党　若党

槍　挟箱

草履取　長柄傘

駕籠

沓籠

合羽籠

合羽掛　下目付

⑥

長刀

若党
石川宗活（駕籠）

薬箱　草履取　挟箱

合羽掛

⑦

長刀

若党
大内意仙（駕籠）

薬箱　草履取　挟箱

⑧

具足櫃

竪弓

先供　先供　先供

若党　関屋弥一左衛門（駕籠）　若党

若党　若党

槍　槍

陸尺四人

挟箱　挟箱

長柄傘　草履取

口附　口附

牽馬

沓籠

合羽籠

合羽掛

押替槍　四本

下目付

⑨

具足櫃

口附　口附

騎馬

若党　大嶋左源太　挟箱

槍　草履取　槍

御用両掛

合羽籠

⑩

駄荷宰領　乗掛

駄荷

図10　御道中行列帳　本行列

徒　徒　供小姓　中小姓　小納戸　近習　中小姓　徒目付　草履取　持槍　坊主
徒　徒　徒頭　長刀　御駕籠（若殿）　長柄傘　茶弁当　押足軽
徒　徒　供小姓　中小姓　近習　近習　中小姓　草履取　持槍

口附　馬役　口附　手廻
牽馬　沓籠　牽馬　沓籠　革長持　刀箱　両掛挟箱　同　合羽籠　同　同　同　同
口附　口附

押
竹合羽掛　同　同　同　同　同　同　同　同　同　供長持　同押
押

図11　御道中行列帳　引行列

徒　供小姓　中小姓　近習　近習　床几　草履取　徒目付　持槍
徒　徒頭　御（若殿）　草履取　長柄　用人
徒　供小姓　中小姓　近習　近習　笠　草履取　持槍

一日目　江戸～戸塚

たいへん長らくお待たせいたしました。ようやく若殿様の行列が出発です！

ここからは左源太が記録した『御道中日記』をもとに、若殿道中の様子を紹介する。

天保《てんぽう》一二年（一八四二）七月一八日九つ時《どき》（午前〇時頃）、呉服橋門内の吉田藩上屋敷に御供が揃ったところで大鳥毛槍、鳥毛槍、具足櫃、竪弓、弩瓢などを数寄屋橋《すきやばし》門の外まで搬出し、徒目付の斎藤純三郎が付き添った。数寄屋橋門は、呉服橋門の南隣にある鍛冶橋《かじばし》門のさらに隣である。行列本隊は鍛冶橋門から出るため、大鳥毛槍などの道具類は数寄屋橋門から出さなければ隊列を組めなかったのであろう。

八つ時（午前一時半過ぎ）に支度触《したくぶれ》が、七つ時（午前三時半前）に御供触《おともぶれ》が出された。支度触は身支度を整える時刻を知らせる合図、御供触は御供の整列時刻を知らせる合図であるが、あくまで目安の時刻を知らせるものであった。二川《ふたがわ》宿の本陣を務めた馬場家に残された『本陣宿帳』によれば、宿泊した大名の出発前には御立触《おたちぶれ》が一番から三番まで、半時《とき》から一時《いっとき》（一時は、約二時間）おきに出されていることが多く、三番御立触に合わせて大名が発駕《はつが》（出発）している。このことから、支度触と御供触は、御立触の一番と二番に該当する。

信宝の御発駕は六つ時前（午前五時前）であった。発駕した信宝の行列は、屋敷の表門を出て左へ進み、土手沿いを右に進んで鍛冶橋門を通り江戸城の外へ出た。ここからは宿場町の通行時と同様に**図10**の本行列を組んで、五郎兵衛町、畳町を通って右折して東海道に入り、京橋から新橋へと進んだ。新橋からは野間の扱いとなり、**図11**の引行列で品川宿の手前まで進み、品川宿に入る際には本行列に立て直して通行した。

御供のうち騎馬の者は鍛冶橋門外から新橋まで乗馬し、新橋から品川までは駕籠に乗った。しつこいようだが、福富平太夫はひたすら駕籠である。

五つ時前（午前七時過ぎ）に小休のため品川宿へ到着した。品川本陣へは、諸大名の使者、出入りの与力《よりき》・同心《どうしん》、出入りの町人たちが見送りのために訪問していた。彼らに対応するため、吉田藩側からは留守居《るすい》役岡本十左衛門《じゅうざえもん》、取次役羽山九郎兵衛、吟味役今村五八郎と書記役の帳付一人が事前に詰めており、御紋付きの幕を張って提灯をつけてスタンバイしていた。

同族の高崎藩からは家老堤新五右衛門《しんごえもん》が見送りの使者として派遣され、岡本十左衛門を通して先例どおりに銀一枚（賞賜や進物に用いられたもので銀四三匁《もんめ》に相当）を見送りの労に報いて下賜された。もっとも、先例では高崎藩からの使者は昼休をとる川崎宿まで派遣されていたが、今回は信順《のぶより》の御意により品川宿での対応になった。

本陣の主人へは左源太から先例どおりに金二〇〇疋《ぴき》（金一〇〇疋は金一分《ぶ》に相当）を渡し、これまた先例どおり主人から扇子箱を献上してきたため、返礼として銀二匁五分を渡した。

品川宿を出発する際には、方々からやって来た見送りの者へ若殿がお目見えした。町人たちは宿外れで行列を見送った。品川宿は飯盛旅籠《めしもりはたご》が多く立ち並ぶ岡場所として知られており、見送りに来た人々はここで遊ぶことも目的の一つであった。

次の小休は大森茶屋で、茶屋の主人には先例どおりに銀一両（これも賞賜・進物用で銀四匁三分に相当、銀一枚の一〇分の一）を渡した。宿場町と宿場町の間には立場《たてば》茶屋という休憩場所が形成され、「間《あい》の宿《しゆく》」と呼ばれていた。大森も間の宿の一つであり、今回の道中でも多くの間の宿に立ち寄っている。

左源太は大森から直ちに六郷川（多摩川）まで先に進んで船割と合流した。六郷川は貞《じよう》享《きよう》五年（一六八八）に橋が流されて以降は架橋されず、船で渡らなければならなかった。左源太は渡船場で船割とともに指示を出した。

信宝が乗る御座船には柿色の招《まねき》（長い竿の先に付けた細長い小旗。神を迎える招代《おぎしろ》に由来）を立てて足軽に持たせ、長刀も御座船へ入れる。同乗する御供は用人、小納戸、近習、医師各一人であった。御座船に先行して持槍、中小姓、徒頭、供小姓などは一つの船に乗って川を渡り、対岸で信宝の到着を待った。左源太は全員が渡河したことを確認し、家老へその旨を報告した。

なお、通常は船二艘《そう》で渡るところ、今回は大坂城の警備を担当する大坂加番《かばん》稲葉正巳《まさみ》の行列と日程が重なっていたことから渡河時間を短縮する必要があったらしく、三艘で渡ることになった。これは今回限りの特例として、以降の先例とはしないこととした。

品川宿から先に出発していた使番と武器類は、六郷川の先の川崎宿入り口で行列を立てる準備をして待っていた。

昼休の川崎宿佐藤本陣への到着は四つ半時（午前一一時頃）であった。昼休料は金二〇〇疋で、左源太が主人に面会して手渡した。

次の小休の生麦《なまむぎ》村からは、残暑が厳しいため御供の者が野間羽織の着用を許可された。さらに神奈川宿、境木《さかいぎ》村で小休をとり、宿泊先の戸塚宿内野本陣へは七つ半時過ぎ（午後六時頃）に到着した。初日の移動距離は一〇里一八町（約四一・二キロメートル）であった。

戸塚宿到着後、左源太はしばらく本陣に詰め、本陣に泊番をする者の名簿を家老へ提出し、明朝の発駕時刻などの予定を確認し、小納戸と徒目付および本陣へ伝達してから、ようやく自身が泊まる旅籠屋へ入った。

参勤交代ではいくつか途中経過を江戸へ報告するポイントがあり、初日の宿泊地到着が最初のポイントであった。左源太は江戸に残る目付たち宛てに、信宝が無事に戸塚宿へ到着し、御供の面々もつつがなく旅行していることを知らせる書状を出した。

戸塚宿では稲葉正巳の行列と相宿になったため、村井有右衛門が挨拶《あいさつ》の使者を務めた。稲葉が宿泊した本陣は、吉田藩が泊まりたいと思っていて先を越されてしまった沢部本陣である。

吉田藩が宿泊した内野本陣からは、肴《さかな》の献上があったが、左源太から断りを入れて返却した。参勤交代の行く先々ではこうした献上の申し出が頻繁にあったが、一々それを受け取ってしまうと、お返しを下賜しなければならなかった。そのため余計な出費を削減するために献上品の申し出は断るというのが多くの大名に共通した対応であった。もう一つの沢部本陣からも挨拶として同様の申し出があったが、やはり左源太から断っている。

昼休料と小休料は左源太が渡しているが、宿泊費用の支払いについては宿払の小田弥八郎が担当していたため、左源太は記録を残していない。

江戸
六郷川（多摩川）
馬入川（相模川）
大山
富士川
富士山
酒匂川
①
戸塚宿
箱根山
安倍川
箱根関所
②
小田原宿
興津川
③
④
由比宿
三島宿
相模湾
薩埵峠
駿河湾

江戸〜吉田の行程・地図

1日目（7月18日）　江戸〜戸塚
2日目（7月19日）　戸塚〜小田原
3日目（7月20日）　小田原〜三島
4日目（7月21日）　三島〜由比
5日目（7月22日）　由比〜岡部
6日目（7月23日）　岡部〜袋井
7日目（7月24日）　袋井〜新居
8日目（7月25日）　新居〜吉田

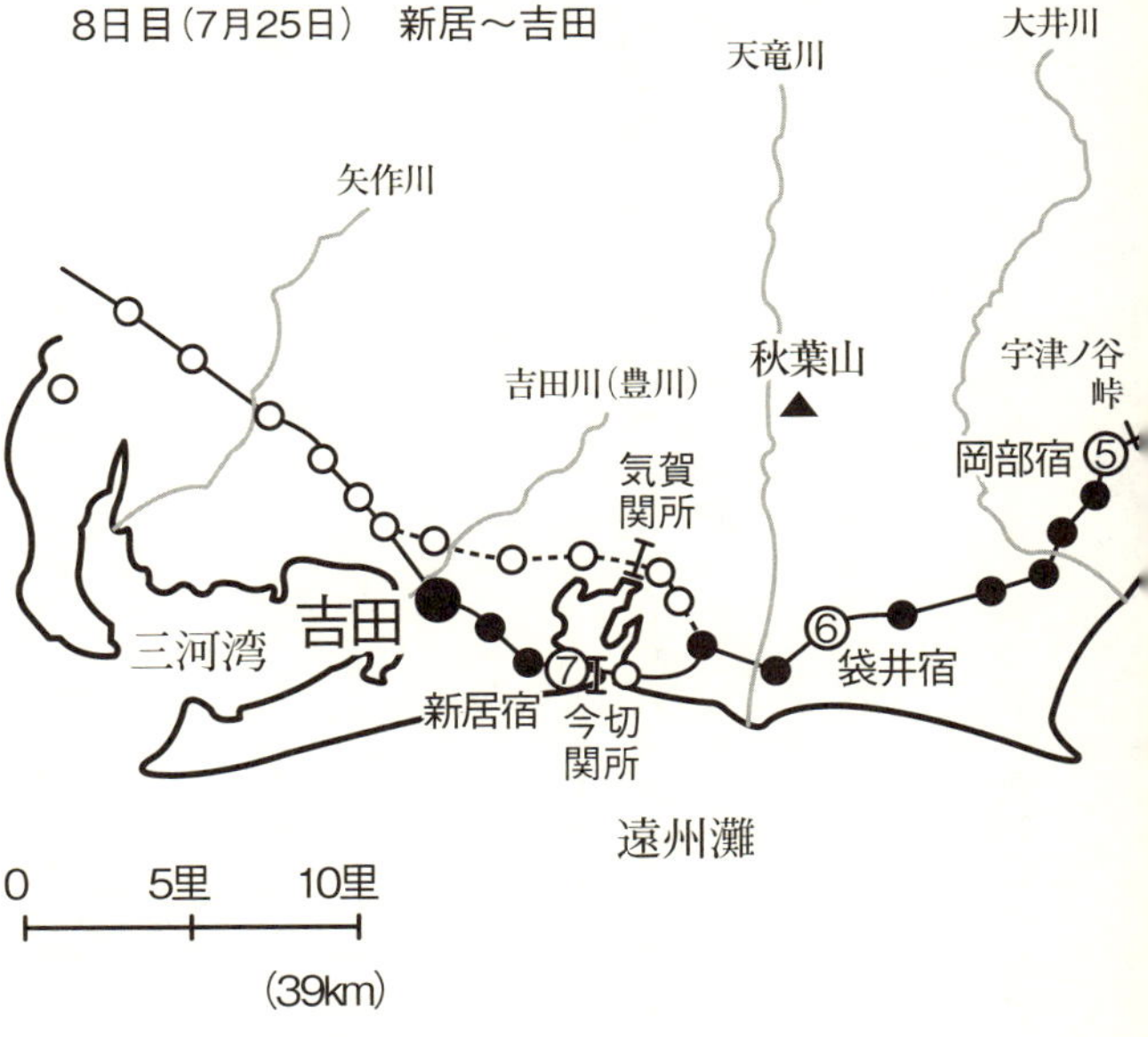

二日目　戸塚〜小田原

七月一九日、天気は晴れ。この日の予定は支度触が九つ時（午前〇時頃）、御供触が八つ時（午前一時半過ぎ）で、発駕は七つ時（午前三時半前）であった。朝の予定はこれ以降七日目まで変わらず一定であった。

道中における支度触と御供触の時刻は、前日のうちに目付から用人を通してお伺いを立て、指定された刻限を徒目付へ知らせ、さらに中間を指揮する押足軽《おさえあしがる》へ伝達させた。押足軽には事前に「只今支度触」「只今御供触」と書いた駒型の木札を二枚ずつ渡しておいた。翌朝は、指定刻限になると押足軽がそれぞれ触れ回った。支度触の際には、拍子木を二回打ち鳴らし、口頭で支度の時刻になったことを触れ回った。御供触の際には、拍子木を三回打ち鳴らし、やはり口頭で触れ回った。本陣宿泊時には、本陣に明朝触れる時刻を伝達しておき、押足軽が付き添って本陣の男衆に触れ回らせた。それと同時に家老と目付の宿泊先へも毎朝触れ回らせたが、これは天保二年の信順の大坂赴任時から始められたもので、参勤交代への適用は今回が初めてであった。ちなみに昼休と小休後の出発時には、口頭で触れるのみで拍子木は鳴らさなかった。

戸塚宿を出発した行列は、影取《かげとり》村で小休した。次の藤沢宿では、遊行寺《ゆぎょうじ》から使いの僧侶がやって来て簡単な挨拶があった。次いで南湖《なんご》村で小休し、五つ時頃（午前七時半頃）に馬入川《ばにゅう》（相模川）を渡った。馬入川も渡船の川であり、手順は六郷川と同じであった。

昼休は大磯宿の小島本陣を予定していたが、稲葉正巳が先に利用していたためもう一つの尾上本陣を利用した。小島本陣からはアジを献上してきたが受け取りを拒否した。利用した尾上本陣からの献上品も断っている。

次の小休は鴫立沢《しぎたつさわ》を予定していたが通過し、梅沢の松屋作左衛門方で小休をした。松屋は当時普請をしており、吉田藩へ助力として金銭を求めてきたが、左源太は江戸藩邸へ申し出るように伝えてこの要求をかわした。

梅沢の宿外れからは、それまで駕籠に乗っていた信宝が気分転換に歩いて進んだ。

八つ半時過ぎ（午後三時半過ぎ）に酒匂川《さかわ》へ着いた。ここは川越人足《かわごし》に担いでもらって渡る徒渡《かちわた》しの川である。信宝は専用の蓮台《れんだい》という乗物に乗り、左右に小納戸、後ろに近習が付き添って渡った。用人と長刀は蓮台の前を進んだ。渡船の場合と同様に柿色の招を足軽に持たせ先導させた。そのほか持槍、中小姓、徒頭などは信宝よりも少し先に渡った。

酒匂川の渡し場は小田原藩領であったため、同藩から藩士が派遣されて滞りなく渡河できるように監督した。彼らに対しては、船割役が信宝に紹介した。

七つ時（午後四時半過ぎ）に宿泊先の小田原宿の久保田本陣へ到着した。予定では清水本陣へ宿泊するはずであったが、ここでも稲葉正巳が利用していたため久保田本陣へ変更することになった。同日に同じ方向へ進む別の大名行列があるというのは、何とも不都合である。

小田原宿は城下町でもあるため、藩主大久保家に対して村井有右衛門を挨拶の使者として派遣した。またしても相宿となった稲葉家に対しても、有右衛門が前日同様に使者を務めた。なお、稲葉家は一日に進む距離を稼いで先を急いだため、この道中における両家のかかわりはこれが最後となった。

翌日は箱根関所を通過することになるので、それに備えて御供に対し「髪型や月代《さかやき》が見苦しくないように身だしなみを整えよ」という指示を出した。

この日の移動距離は一〇里二町（約三九・五キロメートル）であった。

三日目　小田原～三島

七月二〇日、天気は晴れであったが、山中では時々小雨が降った。

小田原宿を出発した行列は、湯本の伊豆屋で小休した。ここでは御供の者にまで赤飯が振る舞われたため、金二〇〇疋を渡した。献上品もここでは受け取り、返礼として銀一両を渡した。この赤飯の提供は、難所である箱根関所を通過する際の先例になっていたようである。

次の間の宿である畑《はた》では茗荷《みょうが》屋で小休し、同所の名産品である寄木細工が献上された。また、酒肴《しゅこう》・餅も提供され、御供へは安倍川《あべかわ》餅が振る舞われたため、金二〇〇疋を渡した。湯本と違い、畑では献上品や飲食物を受け取る先例はなかったが、大坂城代や京都所司代として通行した際の先例であるとして差し出してきた。左源太はせっかく準備したものを無下に断るのもいかがかと思い、用人福富平太夫・宿払小田弥八郎と相談した結果、今回に限っては受け取るが、次回以降は決して受け取らないと念押しして、先例にはしないということになった。

信宝は畑から箱根までの道中で時折歩き、登り坂ではほとんどの区間を歩いた。駕籠かきを気遣ったというよりは、坂道で駕籠の乗り心地が悪かったせいだろう。

昼九つ過ぎ（正午過ぎ）、いよいよ箱根関所を通過する。関所への案内の使者は村井有右衛門が務めた。行列は全員が関所手前の新谷《しんや》で順番を待ち、ゴーサインが出たら進んだ。関所へ向かう際は、鳥毛槍を立てて進み、掛け声は無用とした。

関所を通過する際は、槍や長刀などの武器類は伏せて進んだ。信宝の乗り換え用の駕籠は関所の改《あらため》役人がチェックするが、場合によってはこちらから「開けて中をお見せいたしましょうか」と挨拶する。病気の御供が駕籠に乗って通過する場合は、徒目付が関所役人に理由を説明して通してもらったが、これはよほど具合が悪い場合のみで、なるべく歩いて通らなければならなかった。

御供が通過し終わったら、徒目付から関所役人に対して「下供《したども》どもは大方通りきりましたが、万が一まだ残っている者がおりましたら、当家の合印を目印にお通しください」と伝達した。

無事に関所を通過すると、箱根宿の天野本陣で昼休をとった。左源太は昼休料として金二〇〇疋を渡し、献上品は断った。

箱根宿を出発後しばらくして山中の中ほどで休憩し、信宝はそこから宗閑寺《そうかんじ》まで歩き、同寺で小休した。宗閑寺からは先例により赤飯、酒肴、煮しめ、麦麵《ばくめん》、寒晒《かんざら》し団子《だんご》、寒晒し粉が献上され、同様のものが御供にも振る舞われた。ここでも返礼は金二〇〇疋であり、左源太から住職へ渡した。住職は信宝にお目見えし、福富平太夫が披露した。

その後は三ツ谷で小休し、宿泊地の三島宿へ到着した。若殿は宿の入り口から樋口本陣まで馬に乗って進んだ。到着は七つ半過ぎであった。

箱根関所の通過も江戸へ報告するポイントであり、左源太から江戸の目付に宛てて、無事に関所を越えて三島宿で宿泊することを知らせる書状を出した。

なお、この夜は箱根の山を越えたことを祝して、御供の面々へ「山祝い」の酒代が配られた。道中法度では大酒は禁止されているが、少量であれば許容されたので、お金で渡したのは酒代の範囲で適度に嗜《たしな》むようにということであろう。

この日の移動距離はちょうど八里（約三一・四キロメートル）。小田原宿から箱根を越えて三島宿まで、まさしく箱根八里の旅であった。

四日目　三島〜由比

七月二一日、晴れ。

三島宿を出発すると、沼津宿手前の山王《さんのう》で休憩した。沼津宿は城下町でもあるため、沼津藩主水野家に対して村井有右衛門が使者を務めた。沼津藩からは先導役と同心二人が提供され、彼らが宿外れまで行列を見送った。

次の原宿で小休し、信宝は同宿から馬に乗り、途中から柏原までは歩き、同所でまた小休した。昼休は吉原宿の神尾本陣で、九つ時（正午）に着いた。

吉原宿を出てしばらく進むと、富士川に着く。この川は渡船であり、これまでの渡船と同様の手順で渡った。川岸へは代官所から下級役人が派遣されて見送った。

富士川を渡ると、岩渕《いわぶち》の斎藤縫《ぬい》右衛《え》門《もん》宅で小休した。ここでは同所の名物である栗《くり》の粉《こ》餅が献上され、御供にも振る舞われたため、先例にならって金一〇〇疋を縫右衛門に渡した。なお、干海苔《ほしのり》もあわせて献上されたが、これは日持ちするため断っても問題ないと判断して返却している。

岩渕では、たまたま御用で甲府へ出向いた帰りの駿府町同心《すんぷまちどうしん》三輪武源太《ぶげんた》が若殿の行列を見かけ、徒目付石井三蔵《さんぞう》を通じてご機嫌伺いに参上したいと申し出てきた。まずは左源太が面会し、福富平太夫へその旨を伝えた。信宝が岩渕本陣を出発する際に、武源太が門前へ参上し、小納戸が披露してお目見えを果たした。通常であれば駿府でお目見えして金一〇〇疋が渡されるはずであったが、時間と距離を考えると、今回は駿府でのお目見えは間に合わないだろうということで、この地で金一〇〇疋が渡された。

岩渕の中ほどから次の小休先の蒲原《かんばら》宿入り口まで、信宝は歩いて進んだ。

宿泊地の由比宿本陣へは七つ時過ぎ（午後五時頃）に到着した。この日の移動距離は九里三四町（約三九・一キロメートル）であった。

五日目　由比〜岡部

七月二二日、晴れ。

薩埵《さった》峠手前の倉沢では、海士頭《あまがしら》が名物のアワビとサザエを献上してきたので受け取り、先例どおりに金二朱《しゆ》を渡した。

明け方に興津《おきつ》川を渡った。ここは徒渡しの川で、手順は酒匂川と同じであった。川を渡ると、その先にある興津宿で小休した。ここで信宝は清見寺《せいけんじ》の見学を希望した。清見寺は駿河湾を望む高台に建つことから、朝鮮通信使や琉球使節の接待に使用され、参勤交代途中で立ち寄る大名も多かった。信宝は興津宿出発の際に清見寺へ立ち寄り、住職の案内で家康や秀吉ゆかりの宝物を見物した。住職へは謝礼として銀一両を渡した。

興津宿のはずれからしばらくの間、信宝は歩いて進んだ。

江尻《えじり》宿と小吉田で小休をとり、九つ時に幕府の直轄都市である駿府城下の府中宿へ到着し、望月本陣で昼休をとった。本陣の主人は城からの使者を案内したため、昼休料金二〇〇疋のほかに銀二両を渡された。

府中宿では代官池田岩之丞《いわのじょう》の手代が御用伺いに参上したため、側近が信宝の駕籠の引き戸を開けて挨拶した。江尻宿まで出張してきた駿府町同心二人へは銀二両ずつを渡した。両人は府中宿の貫目改所《かんめあらためしょ》（荷物の重量検査所）へも出張したため、別途金一〇〇疋ずつ渡した。また、三輪武源太と市橋理兵衛《りへえ》という二人の同心が安倍茶を差し入れてきたので、挨拶料として金一〇〇疋を渡した。武源太と言えば、昨日岩渕で会った人物である。間に合わないと言いながら、ちゃっかり間に合っているではないか。武源太へは昨日既に金一〇〇疋を渡しているので、二重取りはダメとして理兵衛のみに渡された。

駿府町奉行と駿府城番への使者は村井有右衛門が務めた。

次に小休をした弥勒《みろく》の亀屋では、安倍茶と安倍川餅が献上され、御供へも振る舞われたため、金二〇〇疋を渡した。

八つ時過ぎ（午後二時半頃）に安倍川を渡った。ここも徒渡りの川である。なお、ここでは吉田藩が事前に預けておいた蓮台を使用している。

続いて丸子《まりこ》宿と宇津ノ谷《うつのや》で小休した。宇津ノ谷では「御羽織屋」と呼ばれる石川忠左衛門宅で休憩した。御羽織屋には、豊臣秀吉が小田原攻めに向かう途中で立ち寄ったという言い伝えがある。秀吉が馬の沓《くつ》を所望したところ、主人は三脚分（一足半）しか差し上げなかった。秀吉が「馬は四脚なのになぜか？」と問うと、「あと一脚分は戦勝の帰路で差し上げます」と答えた。勝って必ずお戻りを、というわけである。小田原北条氏を滅ぼした秀吉は、帰路で再び立ち寄ると、戦勝のお礼として着用していた陣羽織を与えたという。その後、徳川家康も立ち寄って呉須《ごす》の茶碗を与えた。この陣羽織と茶碗は参勤交代の大名が観ることもあり、信宝もこの時に拝観した。また主人から秀吉の故事にならった縁起物である「馬の沓一足半」が献上されたため、銀一両を渡した。

信宝は宇津ノ谷から峠の中ほどまで歩き、六つ時（午後七時頃）に宿泊先の岡部宿内野本陣に到着した。この日の移動距離は九里二六町（約三八・二キロメートル）であった。

六日目　岡部～袋井

七月二三日、晴時々雨。

藤枝宿では伏見屋に小休し、先例どおり銀一両を渡したところ、夜間で蠟燭《ろうそく》を使用したためそのお代を頂戴したいと言われ、追加で銭二〇〇文を支払った。

次の三間屋《みまや》では岩崎屋に小休した。ここでは梨八つを献上してきたので受け取った。立場で献上品を受け取るのは珍しく、信宝が食べたかったのであろうか。そのため、小休料銀一両に加えて梨の返礼として銀一両を渡した。

その後島田宿で小休し、四つ半時（午前一一時頃）に東海道最大の難所と言われる大井川を渡った。これまでの徒渡しの川と同様の方法で無事に乗り越え、対岸の金谷宿の川村本陣で昼休をとった。

出発して金谷坂を登っていると、突然大雨が降り出し、雨具の準備も間に合わず御供の面々は大いに困ったが、ほどなくして雨は止んだ。

菊川《きくがわ》を通行中には、優れた矢尻《やじり》を作ることで知られる矢根鍛冶《やねかじ》が矢尻を献上したいと申し出てきたが、断って返却した。

日坂宿《につさか》では宗伝寺《そうでんじ》で小休したが、住職へのお目見えなどはなかった。

掛川藩の城下町でもある掛川宿を通行する際は、宿外れまで案内役人がやってきて、城の大手門前へは接待役人も出てきた。同宿では円満寺で小休した。この寺には信宝の祖父信明《のぶあきら》が寄進した半鐘があり、信宝が拝観した。菓子や茶での接待に加えて飯や酒肴も提供され、御供へも飯が振る舞われたため、先例どおりに金二〇〇疋を渡した。また、椎茸《しいたけ》と干鰈《ほしがれい》が献上された。

円満寺を出発する際には、玄関先へ吉田藩御用達《ごようたし》の遠州屋嘉助《かすけ》と隠居で当年一〇二歳になる柏翁《はくおう》が参上し、信宝の通りがけにお目見えした。嘉助からは芭蕉布《ばしょうふ》の団扇《うちわ》、柏翁からは名産の葛粉《くずこ》が献上されたため、嘉助へ金二〇〇疋、柏翁へ金一〇〇疋を渡した。

原川《はらがわ》で小休し、七つ半時過ぎに宿泊先の袋井宿の本陣に到着した。この日の移動距離は、この道中では最長の一一里四町（約四三・六キロメートル）であった。

東海道最大の難所である大井川の徒渡しを終えた日も、江戸へ報告を入れるポイントであった。そして箱根越えの際と同様に御酒代が配られた。

七日目　袋井～新居

七月二四日、晴のち雨。

見附《みつけ》宿と池田で小休し、朝五つ時過ぎ（午前七時半頃）に天竜川を渡船で越えた。暴れ川として知られる天竜川だが、この時期はかなり水位が減っていたらしく、問題なく渡れた。

四つ時頃に老中水野忠邦《ただくに》が治める浜松藩の城下町でもある浜松宿に到着し、杉浦本陣で昼休をとった。浜松藩からは町奉行の岡本平左衛門が使者として派遣されてきたので、左源太が取り次いで福富平太夫が面会した。

浜松は一時期、松平伊豆守家が治めていたことから、杉浦本陣には信宝に献上品を渡そうとするほかの本陣や御用達町人たちが詰めかけた。先例で受け取っている者からは受け取り、それ以外は断った。しかし「伊豆守家と所縁《ゆかり》がある」という箔《はく》を求める町人たちは簡単には引き下がらず、なんとか受け取ってくれと左源太に迫った。そこで宿払の小田弥八郎と相談して宿払の記録を調べ、入部の際に献上品を受け取っている者からだけ受け取ることにした。ところが、そこで断られた町人たちはなおも食い下がってきた。これでは埒《らち》が明かないので、吉田へ着いたら相談して返答するから、ここは一旦引き取ってくれということになった。献上品を差し上げることに成功した町人たちは、返礼として金二〇〇疋ずつを頂戴した。

浜松出発の際には、信宝へのお目見えを許された町人たちが杉浦本陣の玄関脇の廊下に並び、信宝の通りがけにお目見えした。披露は左源太が務め、「御旧領御本陣ならびに御用達町人ども」とまとめて紹介した。

浜松を後にすると、篠原と舞坂《まいさか》宿で小休した。

舞坂宿と新居《あらい》宿の間は「今切《いまぎれ》の渡し」で、海上一里半を船で渡った。今切関所のある新居宿は吉田藩領であり、関所は吉田藩が管理していた。ほかの大名や幕府役人が「今切の渡し」を通る際は、吉田藩から御馳走船《ごちそうぶね》（おもてなしとして自藩の船を提供すること）を出していた。

舞坂宿へは吉田藩士で新居町奉行の杉山猪右衛門《いえもん》が出迎えのためにやって来ており、渡船の一切を取り仕切った。猪右衛門は、相談事があるので家老関屋弥一左衛門に関所へ先乗りするよう求めた。左源太も先例に従って先に新居へ渡り、新居目付の川村角太夫《かくだゆう》と打ち合わせをした。

新居町では事前に信宝の行列を迎える際の注意事項が発令されており、『新居町方記録』にその内容が記されているので大まかに紹介しよう。到着当日は町内の自身番に番人を詰めさせ、街道も掃除させた。街道沿いの町人は羽織袴《はかま》の着用が義務付けられた。当日朝から出発までの間、町内の者は外出を禁止し、火を焚《た》くことも極力避けて、近所同士で互いに監視させた。通行の際は家の蔀戸《しとみど》を開け放ち、正装した主人は土間へ降りて平伏した。行列を見物させないため、旅籠屋には一般客を泊めないようにさせた。普段は軒先に吊り下げてある草履《ぞうり》や草鞋《わらじ》は、見苦しくないように下へ置かせた。このように、ほかの大名行列の通行と違って、おらが殿様の通行する際には厳戒態勢で備えたのである。

信宝の本隊は八つ時過ぎ（午後二時半頃）に海を渡って新居へ着岸した。船着場では、新居宿本陣や宿役人、町役人らが麻裃《あさかみしも》を着用して出迎えた。信宝は駕籠に乗って関所の木戸を通過し、建物内の書院へ入った。ほかの大名行列であれば関所の通過という一大イベントであるが、吉田藩の場合は関所改めではなく、領主による見分という形になり、関所の責任者である者頭の五味左織《さおり》以下、新居在勤の重役がお目見えした。

今回の参勤交代は信宝の藩主見習という目的があったため、通行人を取り調べる面番所などの関所の施設を左織が案内し、その後は新居町内へ出て、家中屋敷や船小屋、源太山までを巡見し、八つ半時（午後三時半頃）に宿泊する本陣の疋田八郎兵衛宅へ到着した。この日の移動距離は九里一九町（約三七・四キロメートル）であった。

本陣へは先ほどお目見えした重役たちがご機嫌伺いにやって来て、先例どおりに肴を献上した。彼らは本陣の門前に詰めることになった。

本陣と船割宿の三河屋庄兵衛からも肴が献上され受け取った。庄兵衛への返礼は先例がわからなかったので新居目付に問い合わせると、それには及ばないという返事だったので渡さなかった。ところが、吉田到着後にやはり返礼を渡した先例があることが判明し、急いで宿払の小田弥八郎を通じて渡した。

新居宿の本陣へは、お膝元である吉田宿の本陣も挨拶に参上し、献上品を差し上げた。これに対する返礼も先例がわからず、吉田到着後に対応することになった。後日調べると返礼を渡した先例があることが判明し、本陣からも同様の申し出があったため、弥八郎を通じて渡した。

明日はいよいよ旅の最終日、吉田着城である。

八日目　新居〜吉田

七月二五日、晴。

この日の朝はこれまでに比べて少し余裕がある日程で、支度触は七つ時、御供触は六つ時、発駕は六つ半時過ぎであった。新居宿の街道沿いの家は行灯《あんどん》を出して見送った。

一行は、白須賀《しらすか》宿の京福寺で小休し、四つ時過ぎに昼休のため二川宿本陣の馬場彦十郎宅へ到着した。二川宿での昼休の様子は、馬場家が記録した『本陣宿帳』に詳しい。

馬場家には二日前に宿割の後藤幸蔵一行四人がやってきて、信宝が使用する上段の間などを見分し、木製の掛札一枚を置いて、湯漬けを食べてから出発した。

当日は五つ時に行列の先頭が到着すると、二張の幕を張って掛札を掲げ、信宝を迎える準備を整えた。また、番所と台所を設置し、昼食の準備が進められた。信宝到着の少し前には、馬八匹をつなぐ宿を二軒準備するようにと馬場家へ要請があったが、急な話であったので間に合わず、三匹は旅籠屋格子屋へ、五匹は本陣馬場家へ入れることになった。行列は順次到着したが、人数が多かったので大混雑した。信宝の到着は四つ時で、一時《いっとき》ほど食事と休憩でゆっくりと過ごし、九つ時に滞りなく出発した。

昼休料は金三〇〇疋であり、献上品は断った。馬場家では約六〇人分の一膳飯（代銭二貫六〇四文）を準備し、陸尺《ろくしゃく》一二人へは酒八合（代銭二三四文）を出した。つまり、陸尺は酒が入った状態で信宝の駕籠を担いでいたことになる。今で言えば「飲酒運転ダメ、絶対！」ということになるが、当時は酩酊状態でなければ飲酒して貴人の駕籠を担ぐことが許容されていた。本陣の厩《うまや》も提供したため、五匹分で銭三七二文を受け取った。馬場家が受け取った銭の合計は三貫二一四文であった。馬場家の支出は米一斗一升五合で、勘定すると馬場家にとっては金三分と銭五八一文の黒字であった。

二川宿を出ると、飯村《いむれ》で小休した。白須賀から二川までは天領（幕府領）で、この飯村から吉田藩領になる。飯村には吉田藩が設置した御茶堂があった。ここには茶屋守が詰めており、通行する諸大名や幕府役人に茶を点《た》てて接待していた。吉田藩主の帰国時には、出迎えの役人がここで待ち受けていた。

飯村を出てしばらくすると吉田城下に入る。ここからは行列を立て直し、槍を立てて掛け声もかけた。

吉田着城は八つ半時過ぎ（午後三時半過ぎ）であった。この日の移動距離は四里二三町（約一八・二キロメートル）で、約二八九キロメートルの全行程を終えた。無事に吉田へ着いたことを江戸へ知らせる飛脚が出され、幕府に帰国を報告した。

吉田藩の参勤交代の道中についてまとめると、日の出の一時《いっとき》前に出発し、一〇里ほど移動して日没前に本陣へ到着するというサイクルであった。追加料金が発生する提灯持ちを必要としたのは、夜明け前の一時のみということである。今回は川止めや急な予定変更はなく、計画どおりの完璧な行程であった。道中でのイベントも、箱根関所と大井川を越えた後のお祝いや、要所での江戸への報告など、かなり定形化されていた。

道中ではさまざまな人々から献上品を差し出されたが、左源太の判断で先例のないものは基本的に断っている。下手《へた》に受け取ってしまうと先例になってしまい、後々の参勤交代での出費増を招いてしまうため、毅然とした態度をとらなければならなかった。

左源太の書いた『御道中日記』には、三河屋の通日雇《とおしひやとい》たちの様子は書かれていないが、約一一〇人が陸尺、奴、荷物持ちなどとして行列に加わっていた。彼らを統率するために三河屋自身または手代が同行していたはずだが、この時の同行者が誰であったかはわからない。吉田到着後は、三河屋の代表が城に呼ばれて褒美を与えられるのが慣例であった。

江戸へ引き返す御供

総勢約三五〇人の大名行列が吉田へ到着したが、詰切《つめきり》を命じられた者以外の「道中計《どうちゅうばかり》」の御供や、三河屋の通日雇たちは速やかに江戸へ戻ることになる。

とはいえ、とんぼ返りではさすがに体力がもたないので、通常は三日間の休暇が与えられた。だが用事があるとして五～二〇日間の延長休暇を申請する者が多かった。吉田滞在中は、親類や知人の屋敷に居候《いそうろう》して羽を伸ばした。

反対に吉田から江戸へ御供した場合も、同様に延長休暇を申請し、休暇の日数内で野火止平林寺《のびどめへいりんじ》や以前伊豆守家が治めていた川越や下総古河《しもうさこが》の寺院への参詣を願い出る者が多かった。寺社参詣を口実にして物見遊山に出かける者もいたことであろう。

吉田から江戸への旅費は、引き連れる供の人数によって異なり、宿払の小田弥八郎から渡された。左源太が受け取った帰路の旅費は、馬二匹代として銭五貫五五八文、主従八人の六泊分の旅籠代として銭八貫文、そのほかに昼食代、中間の雇い代、渡河費用など合計で金六両一分三朱と銭一五六文であった。

左源太は公務があったこともあり、吉田を出立したのは八月一一日の未明であった。旅程は足痛のため七泊八日とし、一一日舞坂宿泊、一二日日坂宿泊、一三日府中宿泊、一四日吉原宿泊、一五日箱根宿泊、一六日平塚宿泊、一七日川崎宿泊、一八日に江戸へ到着した。

なお、道中で川止めなどにより余計に費用がかかった場合も藩が補償してくれたが、吉田で一〇日以上逗留《とうりゅう》した者は自己都合と見なされ、補償されなかった。また、毎年暮れには皆勤の藩士へ褒美が与えられていたが、一〇日以上逗留した場合は私的な休暇と見なされ、皆勤の褒美は与えられなかった。

第六章　その後の三河吉田藩と大嶋家

若殿の藩主見習い

吉田へお国入りを果たした若殿信宝《のぶとみ》は、藩士一同のほか領内各村の庄屋、寺社、御用達《ごようたし》町人らから帰城祝いの挨拶《あいさつ》を受けた。また、吉田城内や領内各所を巡見し、藩主見習いとして見識を深めた。

吉田滞在中の信宝の様子を『十世遺事抄《じゅっせいいじしょう》』では次のように伝えている。

信宝公は「治に乱を忘れず」ということを常に心掛けられ、乗馬の際には甲冑《かっちゅう》を着用され、槍《やり》を振るって稽古を重ねられた。藩校時習館《じしゅう》における教育についても、熱心に世話をされ、様々な工夫を凝らされたことにより文武が盛んになった。文武に上達する者が多く出たのは、信宝公の功勲である。抜群の御器量で、智・仁・勇を兼ね備えた御方であられた。

吉田では、藩士で国学者の中山美石《うまし》が信宝の教育係となり、国学の講釈や和歌の添削をおこなった。美石は本居宣長《もとおりのりなが》の学統を継承した本居大平《おおひら》に師事し、吉田藩内における大平の学風の浸透に貢献した人物である。その性格は頑固で気難しい面もあったが、ユーモアを交えた巧みな話術を持っており、藩主松平信明《のぶあきら》・信順《のぶより》父子からの信頼が厚く重用された。信順にいたっては自ら大平に入門までしており、美石を信宝の教育係に指名したのも信順の強い意向によるものであった。

信宝もまた美石の人柄に魅了された。信宝が江戸へ向けて出立する前日の天保《てんぽう》一三年（一八四二）七月一七日、美石が信宝に古今和歌集の講義を終えて退出しようとしたところ、信宝が「今少し何なりと話をしてくれ」とせがんできたので和歌などの講義を続けた。また、美石は在中教諭《ざいちゅうきょうゆ》と称して領民に講話をしていたが、それを聴いた信宝は「先だっての教諭は大いに大儀であった。大変面白かった。あれは下民にとって大なる益になると思う」と褒めたので、在中教諭で説くような内容の話もした。夕方なってようやく退出したが、別れ際に信宝から美石へ「大いに大儀であった。随分息災で」という懇《ねんご》ろな声掛けがあった。

こうして一年間研鑽を積んだ信宝は、江戸へ参勤することになった。今回の参勤交代は岡崎藩主本多忠民《ただもと》と交代する予定であったが、忠民が日光勤番を命じられたため、田原藩主三宅康直《みやけやすなお》との交代となった。

大嶋左源太はすでに江戸へ戻っていたため、江戸への参勤には御供しておらず、詳細な記録は残っていない。しかし信宝が自身の言葉で紀行文を著してくれているので、それをもとに吉田から江戸への旅を紹介しよう。

ふるさとは江戸

七月一八日未明、信宝は吉田城を出発した。新居《あらい》宿で食事を済ませ、船に乗り込む頃には雨が降ってきた。船を走らせるうちに晴れ渡ってきたので、沖のほうに目をやると、鷺《さぎ》やカモメが群れているように見えたが、目を凝らしてよく見ると白波が立っている様子の見間違いであった。あまりの眠たさに目が疎くなったのだと思うと笑いがこみ上げてきた。思ったよりも早く対岸の舞坂《まいさか》宿に着いて休憩していると、身はまだここで休んでいるが、心はふるさとの江戸に着いたように思えた。

天竜川のほとりでは、参勤交代で帰国する大和高取《やまとたかとり》藩主植村家教《いえのり》の行列とすれ違った。その様子を見て、自身も父信順の名代《みょうだい》とは言いながら所領に赴いて無事に一年間を過ごして、今ふるさとに帰ると思えば嬉しくなった。七つ時過ぎ（午後五時頃）に宿泊地の見附《みつけ》宿に着いた。

一九日の朝は、草葉の中で虫がやかましく鳴く音を聞き、朝露に旅装束を濡らしながら歩いた。掛川城下では砲術訓練のおどろおどろしい音が聞こえたが、勇ましい様子を想像すれば心地よいと感じた。小夜の中山《さよのなかやま》を通る頃は激しい雨が降ったので、これでは大井川の水位が上昇しているのではと心配したが、着いてみると浅かったので安堵《あんど》した。河原では川越人足《かわごし》が口うるさく言い争って騒いでいたので落ち着かなかった。日暮れ頃に藤枝宿に着くと、ひどく疲れていたので早々と寝た。

二〇日もまた雨であった。興津《おきつ》宿の昼休では居ながらにして海原を見渡すことができ、三保の松原も見ることができた。清見寺《せいけんじ》の宝物は昨年拝観したので今回は寄らなかった。薩埵《さった》峠に差しかかる頃は雨が激しくなり、富士山は見ることができなかった。日暮れ頃に由比《ゆい》宿に着いた。

二一日もまだ雨は止まず、道は深田のようになっていた。岩渕《いわぶち》でしばらく休憩し、名産の硯石《すずりいし》や水晶などを見た。富士川は雨で水量が増し、流れも大井川に劣らないほど速くなっていた。吉原宿や原宿では富士山を見ることを楽しみにしていたが、雲で隠れて見えず口惜しく思った。七つ時過ぎに三島宿に着いた。

二二日は早く出発する予定であったが、思わず少し寝坊してしまった。しかし箱根の山を通る頃は夜も明けておらず、松明《たいまつ》を灯して登った。三ツ谷で休憩すると、ここではじめて富士山の姿を見ることができた。箱根関所も無事に通過し、小田原宿で宿泊した。

二三日は長い距離を移動するため、夜中に出発した。梅沢の立場《たてば》に着いた頃はまだ夜明け前であった。空が少し白んできた頃に駕籠《かご》を降りて歩いた。昨年は通り過ぎた鴫立沢《しぎたつさわ》に差しかかると、西行法師《さいぎょう》ゆかりの古跡を見たいと思ったが、遊山の旅ではないと思いとどまり先を急いだ。黄昏時《たそがれ》に保土ヶ谷宿に到着した。

二四日は旅の最終日。ようやく江戸に着くと思うと、いてもたってもいられずに早々と出発した。神奈川宿は景色のよいところだと思ったが、早く出発したのでまだ明るくなっておらず、よくわからないうちに通り過ぎた。川崎宿では蟬《せみ》の声が田舎とは違って都会じみて聞こえる気がした。

そして、江戸の玄関口である品川宿に到着した。その嬉しさは言葉に表せず、旅装束を着替えて休憩した。吉田を出た頃は遥《はる》かに遠い距離に思えたが、怠らずに歩めば千里の道も行けるのだと感慨に浸った。

幕府は大名の妻子を人質とみなし、江戸に住まわせていたので、多くの大名は江戸生まれの江戸育ちであった。江戸時代中期の儒学者荻生徂徠《おぎゅうそらい》は、幕府へ提出した意見書『政談』のなかで「大名はみな江戸で育つので江戸を故郷だと思っている」と記している。信宝もその例にもれず、ふるさとは国元の三河吉田ではなく江戸だったのである。

松平伊豆守信宝

一年間の武者修行を終えた信宝の帰りを見届けた信順は、ついに隠居を決断する。天保一三年（一八四二）一二月一三日、信順は病気を理由に隠居を許され、吉田藩七万石は信宝に相違なく相続された。新藩主となった信宝はその日のうちに呉服橋門内の上屋敷へ入り、翌一四日には改名し、「松平伊豆守《いずのかみ》信宝」が誕生した。隠居した信順は、伊豆守から刑部大輔《ぎょうぶだゆう》へ改名し、翌年二月に小名木《おなぎ》川の下屋敷へ引っ越した。

一二月二二日には家督相続のお礼として江戸城に登城し、将軍家慶《いえよし》、世子家祥《いえさち》、家斉《いえなり》の御台所《みだいどころ》であった広大院、家祥の御簾中《ごれんちゅう》（正室）へお礼の品々を献上した。同時に家老の水野小一右衛門《こいちえもん》・関屋弥一左衛門《やいちざえもん》・西村孫次右衛門《まごじえもん》の三名も登城し、家慶と家祥へ太刀と馬の代わりに金を献上した。

翌天保一四年四月には福山藩主阿部正弘の姪較姫《めいなおひめ》を正室に迎え華燭《かしょく》の典が執りおこなわれたが、幕府老中に対する婚姻許可のお礼を信宝は病気のため務められず、同族の大多喜《おおたき》藩主松平正和《まさとも》が名代《みょうだい》を務めた。

このあたりから、次第に吉田藩の雲行きがあやしくなっていく。

六月二五日には、藩主として初めてお国入りするように、帰国のお暇を賜った。しかし、七月には嫁入りしたばかりの較姫が亡くなってしまう。さらに信宝自身も病に倒れ、九月二八日には、病気のため今年の冬は帰国せず江戸に留まりたいという願書を提出することになった。冬になっても病状は回復せず、一一月二五日には来年春も江戸に留まることを願い出た。

明けて天保一五年、やはり信宝に回復の兆しは見えず、それればかりか隠居信順も倒れてしまった。三月二日、三度目となる信宝の参勤交代延期願いが出された。実は信順はこの日に脳卒中で急死していた。

翌三日には、信宝が病気による帰国延期中の身ではあるが、父信順が危篤のため小名木川下屋敷で対面したいと願い出て許可された。九日には将軍家慶から信順に対し、油断なく保養するようにという上意が伝えられ、見舞として干白魚を下された。このように前藩主の死を受け入れる準備が整ったところで、翌一〇日に信順の死去が公表された。享年五二であった。次の三首は、亡き父を悼んで詠んだ信宝の和歌である。

咲きつづく花をし見れば中々に　露けさ勝るわが袂《たもと》かな
いかにせむ露よりもろきたらちねの　消えにし跡のわが身ひとつを
はかなしやころをまじえて咲つづく　花よりさきに散りし君はも

信宝の病状は少しずつ快方に向かい、一〇月初め頃には二〇間《けん》（約三六メートル）ほど歩けるようになってきた。この調子であれば来年正月には登城できるまで回復するのではと思われていた矢先、一〇月七日夕方に発作を起こして倒れ、吐血が止まらなくなってしまった。そして一七日夕方には容態が急変して帰らぬ人となった。二一歳という若さであった。祖父信明の面影を感じさせ、期待を一身に集めて藩主の座に就いたものの、それから丸二年も経っていなかった。そのため藩主として目立った業績を残すことはできず、幕府に対する奉公として大手方の火消と内桜田門の門番を拝命したことが挙げられるくらいである。

伊豆守家断絶の危機

信宝には子がおらず、このままでは伊豆守家が断絶してしまうため、その死は秘されて末期養子《まつご》を迎えることになった。次期藩主に選ばれたのは、分家の旗本松平兵庫頭《ひょうごのかみ》信敏《のぶとし》の長男健之丞信時である。信宝より三歳年少で、当時一八歳であった。さらに信順の娘、つまり信宝の妹である六歳の貞姫を信宝の養女とし、信時の許嫁《いいなずけ》とした。

こうして準備を整え、一一月二〇日に信宝の名で末期養子願いを幕府へ提出した。大名家の末期養子の場合は、幕府から大目付が派遣され、当主が存命であるか、書類に不審点がないかなどを確認した。これを「判元見届《はんもとみとどけ》」という。この時派遣された大目付は「遠山の金さん」で知られる遠山左衛門 尉《さえもんのじょう》景元《かげもと》である。実際には信宝は一ヵ月以上も前に亡くなっているのだが、当時の判元見届は形骸化しており、遠山の金さんも信宝が生きているという体《てい》で確認業務を遂行した。

同日、ようやく信宝の訃報《ふほう》が公式に発表された。遺体は二六日に菩提寺《ぼだいじ》である野火止平林寺《のびどめへいりんじ》に埋葬された。法号は寛量院殿義関文礼大居士《かんりょういんでんぎかんぶんれいだいこじ》で、没後は「寛量院様」や「寛量公」と呼ばれた。

はじめての養子藩主

信宝の養子に選ばれた信時は、天保一五年（改元して弘化《こうか》元年）一一月二二日に呉服橋門内の上屋敷へ引っ越し、名を信璋《のぶあき》と改めた。

伊豆守家は初代信綱《のぶつな》から九代信宝まで、すべて直系男子が相続してきた。江戸時代の当初からではないものの、一人の養子を迎えることもなくここまで続いてきた家は稀有《けう》な存在である。ほとんどの大名家では養子藩主を迎えた経験があり、藩祖の血が全く入っていない藩主も珍しくなかった。信宝の死により初めて養子藩主を迎えた伊豆守家では、今まで実子相続で続いてきたことが逆に仇《あだ》となってしまう事態に陥った。

新藩主信璋の実家は、信綱の六男堅綱《かたつな》を祖とする高一〇〇〇石の旗本であった。戯作者《げさくしゃ》の曲亭馬琴《きょくていばきん》（滝沢興邦《たきざわおきくに》）が幼少期に仕官していた家でもある。何人もの養子当主を迎えており、信璋の実父信敏は信綱の姉の血筋であった。つまり信璋は分家からの養子ではあるが、藩祖信綱の血が全く入っていなかったのである。

信璋に向けられる伊豆守家中の目は冷たく、「既に御他人」という思いを抱き、内心では「早々に信綱の血脈に復してほしい」と念願する者が多かった。信綱の血筋でないことに加え、わずか一〇〇〇石の旗本から七万石の大名家を相続したことに対する侮りから、江戸と吉田双方の家中が信璋を軽視したのである。特に江戸の家中は信璋の父信敏にも敵意をあらわにし、信敏が「兵庫頭《ひょうごのかみ》」を名乗っていたことから「兵てき」などと呼ぶほどであった。

なお、信敏の跡は信璋の弟信徳（舎人《とねり》・翠堂《すいどう》）が相続した。ちなみに信徳の五男は講談作家や速記者として活躍した大河内発五郎（翠山《すいざん》）で、その子が東大総長などを務めた経済学者の大河内一男である。

弘化二年（一八四五）七月五日、信璋は入部のため江戸を出発した。信宝のお国入りでは天保の改革のあおりを受けて虎皮の鞍覆《くらおおい》の使用が禁止されたが、今回改めて前々から使用しているという理由で申請したところ許可された。信璋にとってはわずかながらでも藩主としての面目を保つことになったであろう。

信璋時代の吉田藩は危機的な状況に陥っていた。藩校時習館の教授山本忠佐《ちゅうすけ》（謙斎・恕軒）は、嘉永《かえい》二年（一八四九）時の状況について上中下の三つの難に直面していると解説している。

上の難は、藩主である信璋の身がどうなっているのか一向にわからないことである。当時江戸にいた信璋について、吉田はもちろん江戸の家中でもその所在を知るものはわずかであった。吉田へ伝えられた噂《うわさ》によると、嘉永二年七月に帰国する予定であったが延期になっているのは、信璋が正月以降半年間も幽閉されているためであるというものであった。

その間、武芸はもちろん学問や手習いもさせてもらえず、茶のみが許されたので茶道の本を差し入れたところ「吾はかような亡国の書は読まぬ」と破り捨てた。それを見かねた小姓頭の岡本十左衛門が交渉し、三月頃から読書は許されたという。これを聞いた忠佐は、「主君に不行跡があるならば諫言《かんげん》を重ね、学問をすすめることこそ臣下の道理であるというのに、囚人同然に押し込めるとは、不忠乱賊《らんぞく》で言語道断である」と憤慨した。

家老を討ち取れ！

中の難は、家中の不和である。当時、国元の吉田には藩政のトップとして西村孫次右衛門と和田肇《はじめ》という二人の家老がいた。孫次右衛門は無才不能で決断力を欠き、居ても居なくても同じという存在感のない人物であったという。そのため必然的に万事をもう一人の肇が独断で決めていたため、多少は私利私欲も混じるという状況になっていた。人材登用でも肇の目にとまった者が出世していくため、その人事自体は理にかなったものであったとしても、人情としてそのほかの者からは快く思われていなかった。

ここで宮田甚三郎《じんざぶろう》が再登場する。第二章のはじめで信順に直訴しようとして左源太《さげんた》の頭を悩ませた、あの人物である。甚三郎の発言意欲は衰えることなく、帰国中の藩主信璋に直接拝謁して財政について申し上げたいとたびたび願い出るなど、常々息巻いていた。これをうるさく思っていた肇は、甚三郎を黙らせるために一計を案じた。甚三郎が酒での失敗により石高を二〇石減らされ、者頭《ものがしら》の役職も一〇日ほどで元の馬廻《うままわり》に戻されていたことに目をつけたのである。

嘉永元年（一八四八）一〇月四日、甚三郎を自邸に招いた肇は「今後一切藩財政のことに口を出さないと約束すれば、私が取り持って者頭に復職させ、減らされた二〇石も元に戻してやる」と提案した。しかし、軍学者でもある甚三郎は即座に肇の謀《たばか》りを見破る。

反和田派の筆頭と目されていたのは奏者番《そうじゃばん》（藩主への取り次ぎや式典を司る重役）の遊佐《ゆさ》応右衛門《えもん》であった。応右衛門はたびたび肇に対して異論を唱えていたが、聞き入れられることはなかった。肇の屋敷を飛び出した甚三郎は、その足で応右衛門の屋敷に向かった。そして肇の謀略を語り、「転役や加増を衆議せずに独断で決め、自分の味方に引き入れようとは言語道断。そのような者の指図を受けて勤める筋合いはない」とまくし立てた。

翌五日の夜、甚三郎の屋敷には応右衛門のほか、肇に不満を抱く者頭の神山《こうやま》権兵衛《ごんべえ》ら二〇～三〇人の藩士が集結した。これだけの人数が集まった背景には、長引く給与カットがさらに拡大されたことによる鬱憤《うっぷん》が溜まっていたことがある。彼らは誓詞を書いて団結し、肇の悪行の数々を書き上げて中老まで差し出した。さらに肇の身柄を拘束しよう、肇の屋敷へ押し入って討ち取ろうと大騒ぎしたため、肇は終日屋敷を警固させて眠ることもできなかった。

この騒ぎを鎮めるため、倉垣主鈴《しゅれい》と松井五郎右衛門の二人の中老を中心に主鈴宅で善後策を協議した。この中にはもう一人の家老孫次右衛門はおらず、その子で用人《ようにん》の西村転《うたた》が加わっていた。そして反和田派の頭取である応右衛門と権兵衛を呼んで交渉した結果、今夜の件は両中老預かりとし、肇に対する実力行使は見合わせられた。ただし、今回の経緯を信璋の耳に入れるよう要求があり、中老から信璋に伝えられた。当惑した信璋からは、なんとか穏便に事を済ませるようにという指示が出ただけであった。

騒動の黒幕

騒動の発端は宮田甚三郎であったが、実は黒幕がいた。中老の倉垣主鈴である。肇と主鈴は天保二年（一八三一）に同時に「中老之通《ちゅうろうのとおり》」に昇進した。肇は同五年に年寄、同一四年に家老と順調に出世していった。一方の主鈴は、同九年に中老に就任して以降は昇進することがなかった。これは主鈴の気質について、藩主信順が家老には用いがたいと判断したためとも、剛気で遠慮のない主鈴を家老衆が嫌っていたためとも言われていた。それを快く思っていなかった主鈴が、肇を排除して自分がとって代わろうと画策したというのである。実は反和田派頭取の神山権兵衛は主鈴の実弟であった。弟に騒動を起こさせ、自身は表向きには中老としてそれを制する側にまわるという自作自演であった。

騒動から間もない一〇月一二日、主鈴は念願の家老の座に就いた。問題の解決はもう一人の中老松井五郎右衛門に託されたが、翌年の春になっても未だ解決の糸口は見えていなかった。この話は五郎右衛門から相談を受けた山本忠佐が聞き取り調査で得た情報であり、どこまでが真実かは定かでないが、家中の間に不穏な空気が充満していたことは確かであろう。なお黒幕とされた主鈴は、町郡《ちょうぐん》奉行を経験して家老に就任したことから、民政に精通していたという評価もある。一方の肇は騒動後も家老の地位に留まり、両者が藩政のトップに並び立つことになった。

最後の下の難は、藩内の町や村が穏やかでないことである。ただしこれについては豊作になったこともあり、光明が差してきた。

養子藩主再び

幽閉の噂が流れていた信璋は、嘉永二年（一八四九）七月二七日に二三歳で没した。噂どおりであれば幽閉されたまま亡くなったことになる。またしても跡継ぎがいなかったため、末期養子として越前鯖江《さばえ》藩主間部詮勝《まなべあきかつ》の次男理三郎詮信《あきのぶ》が迎えられ、信古《のぶひさ》と改名した。信璋の死が公表されたのは没後約二ヵ月が経った九月二四日であった。

信古は伊豆守家とは全く血縁関係のない間部家の出身である。当然信綱の血筋ではなく、山本忠佐は「もはや祖宗（歴代の当主）の余沢《よたく》は尽き果ててしまった」と歎いた。しかし「どこの家から養子に入ったとしても、聡明で家中や領内をよく治められる殿様であれば結構ではないか」と気を取り直し、新藩主を補佐することを誓った。信璋時代の苦い経験がなければ、信古が藩主として伊豆守家中に受け入れられることはなかったのかもしれない。

藩財政は火の車

吉田藩の財政は、他藩の例にもれず逼迫《ひっぱく》していた。信明・信順が幕政に携わったことによる出費増や年貢収納高の減少により、藩の借財は雪だるま式に膨らんでいった。その結果、家中の給与カットを強化しなければ立ち行かなくなっていた。

信璋時代の弘化二年（一八四五）に見積もられた収支計算によると、年貢収入が金三万一六三八両であり、家中の給与や諸経費を引くと金四九一七両が残る。一方、一年で支払わなければならない借財の元金と利息を合わせると金三万八六三六両余となり、差し引きすると金三万三七一九両余の赤字となる。利息支払い分だけでも金一万五九八七両と年貢収入の半額であった。また、借財総額は嘉永元年（一八四八）の段階でおよそ金二九万八〇〇〇両に達していた。

この状況をなんとかしなければと財政改革に乗り出した信璋は、同年九月一〇日に吉田城二之丸御殿の大書院に領内の御用達を集め、自ら藩財政の窮状を訴え「これまでも調達金に努めてくれているが、今回は我らの心痛を察して、さらなる力添えを頼みたい」と懇願した。具体的な内容は和田肇から伝えられた。その内容は、今後五年間にわたって毎年暮れに御用金を納めてほしいというものであった。翌日から一五日にかけて、吉田町役人と領内の村役人を吉田城内に集め、信璋自らが藩財政立て直しのために知恵を絞るよう要請した。領民から金と知恵を集めようという、なりふり構わない計画であったが、信璋の死とともに頓挫《とんざ》してしまった。

嘉永三年、大嶋左源太はそれまでの目付から昇進し、勘定奉行兼普請奉行兼勝手掛者頭格という長い名前の役職に就いた。勘定奉行など三つの職を兼任し、者頭としての格式を与えられるということで、要するに江戸における財務担当責任者である。

嘉永元年時の負債総額のうち、江戸での借財は金六万五〇〇〇両余であった。その大部分は幕府の公金貸附である馬喰《ばくろ》町御用屋敷と勘定所御用達によると思われる。そのほか、質屋などの豪商による大名貸しもあった。江戸の藩財政をやり繰りしながら、この借財を減らす努力をするのが左源太に与えられた役目である。

吉田の勘定奉行との連携も重要であった。安政《あんせい》五年（一八五八）一〇月に吉田在国中の藩主信古が江戸へ参勤する前には、吉田に詰めていた左源太と吉田の勘定奉行の間で財政の重要事項について議論し、江戸に到着後も書面でやり取りを続けた。

最重要の議題は、借財返済の優先順位や方法を決めることである。増上寺の別当仏心院から借用していた金一〇〇〇両については、なかなか利下げ交渉に応じてもらえないので、住職が遷化《せんげ》するのを待つという何とも罰当たりな選択肢が提案されたが、反対に利息の膨張を防ぐために元金の半額でも早々に返してしまおうという意見もあった。結局は無難に少しずつ返済していくことで落ち着いたようである。

もう一つの重要な議題は、信古が幕府要職に就任した場合の対処である。実は今回信古が江戸に戻ったら寺社奉行を拝命するのではないかという噂が流れていた。役職の拝命は

表6　江戸における吉田藩の借財一覧

No.	拝借・借入先	金(両)	備考
1	吉田大地震に付き拝借	900	元金3千両、10年賦の残
2	大坂城代拝命に付き拝借	10,000	元金1万両、10年賦の残
3	馬喰町御貸附	2,393	元金5,459両余、32年賦の残
4	馬喰町御貸附	800	元金2千両、5年賦の残
5	馬喰町御貸附	500	元金1千両、6年賦の残
6	馬喰町御貸附	600	元金1千両、7年賦の残
7	馬喰町御貸附	900	元金1千両、10年賦の残
8	馬喰町御貸附	2,000	元金2千両、10年賦の残
9	馬喰町御貸附	2,500	
10	馬喰町御貸附	5,150	利息滞納分
11	馬喰町御貸附	2,068	利息滞納分の利息
12	勘定所御用達	8,600	元金1万両、50年賦の残
13	勘定所御用達	6,600	元金8千両、40年賦の残
14	勘定所御用達	240	元金1,200両、10年賦の残
15	堤弥三郎	774	元金900両、50年賦の残
16	小林勘平	430	元金500両、5年賦の残
17	三河屋源之助	420	元金600両、30年賦の残
18	岡本屋九右衛門	766.5	元金1千両、30年賦の残
19	駿河屋治兵衛	444	元金1,480両、10年賦の残
20	堺屋太郎兵衛	30	元金100両、10年賦の残
21	丸屋金兵衛	422.5	元金650両、20年賦の残
22	遠州松本市右衛門 長谷川佐野四郎	230	
23	遠州屋嘉兵衛口入	250	
24	久住伝吉	150	元金200両、20年賦の残
25	伊勢屋長兵衛	1,600	元金2千両、10年賦の残
26	勘定所御用達	2,000	
	合計	50,768	

文久3年（1863）時

御家にとっては名誉なことではあったが、出費が嵩《かさ》むため藩財政にとっては大きな負担になった。三〇年以上前に信順が寺社奉行に就任した年は、八ヵ月で金四〇〇〇両以上の経費がかかり、その後も毎年金二〇〇〇両ほどの出費があった。だが、現在は信順の時代に比べて倍以上の出費が必要ということであった。翌安政六年二月、信古は噂どおりに寺社奉行に任命された。

寺社奉行拝命と同時に前任者の安藤信正《のぶまさ》の屋敷へ屋敷替されるという噂もあり、屋敷替がおこなわれた場合は、引っ越し費用として金一〇〇〇両の出費を覚悟しなければならなかった。だが、実際には寺社奉行に任命されても屋敷替は実行されずに済んだ。

文久《ぶんきゅう》三年（一八六三）の江戸での吉田藩の借財を一覧にしたものが右ページの**表6**である。総額は金五万両余であり、相変わらず多額ではあるが嘉永元年時よりも減少している。この借入先の中に、伊勢屋長兵衛という質屋がいる。慶応《けいおう》年間に伊勢屋で書かれた日記が現存しており、その中には大嶋左源太の名前が登場する。

慶応三年（一八六七）二月、幼少の主人長兵衛の後見人である渡辺又四郎に招待された左源太ら吉田藩の財政担当者は、山の手にある伊勢屋を訪れ、又四郎に誘われて花見の名所である王子へ行き、高級料亭で接待された。その翌月には浅草猿若《さるわか》町へ誘われ、芝居見物後に茶屋で酒や食事を振る舞われた。帰りは舟で送られ、手土産《てみやげ》に笹折も持たされた。

伊勢屋にとって吉田藩は優良な貸し付け先と認識されていたようで、季節ごとの挨拶訪問や財政担当者の接待行為を繰り返していた。対して、伊勢屋に不信感を持たれた藩は金を貸してもらうことができなかった。左源太は役得を享受しながら、勘定奉行としての職責を全うしていたようである。

大名屋敷の「表」と「奥」

江戸時代の武家屋敷は、政治や儀礼の場である「表」と、当主や家族の居住空間である「奥」に分かれていた。奥ではさまざまな役割を与えられた奥女中たちが従事しており、吉田藩では江戸の上屋敷と下屋敷に約二〇人ずつが奉公していた。江戸城大奥は先行研究が多く、ドラマや映画などで描かれる機会もあるが、近年では大名家における奥の研究も進んでおり、さまざまな藩の事例が紹介されている。

奥女中の中には妾《めかけ》となり、正室に跡継ぎが産まれなかった場合に、藩主の跡継ぎを産んで血筋を絶やさないようにするという重要な役目を与えられた者もいた。藩主の子を産んだ妾は側室となって特別扱いされると思われがちだが、あくまで奥女中の一人であり、藩主の家族という扱いにはならなかった。ただし、自分が産んだ子が藩主になった場合は、藩主生母として奥女中の中でも高い格式を与えられた。

伊豆守家の場合、五代信復《のぶなお》から九代信宝までは全て妾腹《しょうふく》である。信復の生母清涼院は、家中から敬称を付けて呼ばれることはなく、埋葬地も平林寺ではなく小石川無量院《むりょういん》であった。しかし、時代が下るにつれて藩主生母の地位が上昇していった。谷中下屋敷に部屋が与えられ、家中からは「殿」「様」という敬称付きで呼ばれ、藩の慶事や弔事に関する報告も受け、没後は平林寺に埋葬されるなど、藩主の家族に準じた格式や待遇が与えられた。

信明の妾で信順を産んだまさの場合は、信明の正室の三回忌法要後に「お千恵の方」と改名し、実質的な継室《けいしつ》として遇された。信明没後には院号を名乗ることが許されて「恵覚《けいがく》院《いん》殿」と呼ばれ、さらに「恵覚院様」にランクアップした。

信順の妾で信宝を産んだ綾瀬の場合は、信順没後に「おまちの方」と呼ばれ、信宝没後に院号を許されて「涼松院《りょうしょういん》殿」と呼ばれた。

涼松院と左源太

藩主生母には担当の目付が付けられ、奥付きの男性役人の差配や、表との連絡調整役を担った。信宝の死から半年以上が経過した弘化二年（一八四五）五月、当時まだ目付であった大嶋左源太は涼松院殿掛を拝命した。わが子を失って悲しみに暮れる涼松院の相談役として、信宝の守り役を務めていた左源太が適任と判断されたのであろう。勘定奉行昇進後も涼松院殿掛は継続され、安政四年（一八五七）三月まで務めた。

大嶋家文書には、涼松院から左源太に宛てた一通の書状が残されている。お満という女性を奥女中として雇用する件について、涼松院付きの老女（奥女中のトップ）が奥年寄の田原改助へ相談を持ちかけていた。ところが一向に返答がないので、しびれを切らした老女が問い合わせたところ、筋の通らないことを並べたててお満は女中奉公には向かないと伝えてきた。これを聞いた涼松院は「私が良からぬ者を雇用して上屋敷に苦労をかけることなど有るはずがない。田原殿があれこれ口を出す筋合などないことである」と憤慨し、左源太に対してこの件を改助へ問いただすように依頼した。その際、老女は筋さえ通っていれば無理に考えを押し通そうとする者ではないので、穏便に事を済ませたいという意向を左源太に伝えている。

この一件がどのような決着を迎えたのかは明らかではないが、左源太が涼松院から厚い信頼を寄せられていたことを裏付ける資料である。

幕末の混乱の中で

大嶋左源太の長男潤一郎豊治《じゅんいちろうとよはる》は、一五歳になった弘化三年（一八四六）に藩主信古の近習《きんじゅ》に召し出され、側勤めをすることになった。

文久二年（一八六二）六月、信古は大坂城代に任命された。実際の大坂赴任は発令から三ヵ月後であったことから、『豊橋市史』などでは、信古が大老井伊直弼《なおすけ》の下で京都所司代として尊攘派の志士を弾圧した間部詮勝の実子であったため、この人事に異を唱えるものがいて出発が遅れたとしている。しかし、ここまで読み進めてこられた読者ならお察しだろうが、これは出発が遅れたわけでは全くない。辞令が出たからといって直ちに殿様が単身で赴任するはずはなく、通常の参勤交代よりも大人数の行列を整えるのであるから、それなりの準備期間を要する。ちなみに、信順が大坂城代に任命されてから着任するまでも、信古の場合と同様の日数を要している。大坂入りした吉田藩士は足軽まで含めて二五〇人以上で、潤一郎も小納戸《こなんど》兼供世話として大坂に詰めた。

信古の大坂城代在任期間は約二年半である。当時は幕末の混乱期であり、政局が上方に移る時期であった。着任した年には一橋慶喜《ひとつばしよしのぶ》・松平春嶽《しゅんがく》・松平容保《かたもり》らが京都に入り、翌年には将軍家茂《いえもち》が上洛し、大和で尊攘派の天誅組《てんちゅうぐみ》が決起した。さらに翌元治《げんじ》元年（一八六四）には禁門の変、次いで長州戦争が起こった。その間、信古は天誅組や長州藩士の動向を探索するなど、幕府のために尽力した。元治二年（慶応元年）一月、信古は江戸に呼び戻されて大坂城代の任を解かれ、幕閣から諮問《しもん》を受ける立場の溜間《たまりのま》詰格を命じられた。

信古が大坂を去ってからも、上方の政局は目まぐるしく動いた。慶応三年（一八六七）一〇月、将軍となった慶喜が大政奉還に踏み切ると、朝廷から信古に上京するよう命令が下った。同様に旧幕府からも上京するように指示があったが、信古は体調不良を理由に江戸に留まっていた。しかし上京せざるを得ない情勢になったため、信古は一二月一二日に潤一郎らを従えて江戸を発ち、翌日品川沖に停泊していた幕府の軍艦翔鶴丸《しようかくまる》に乗船して大坂を目指した。だが冬の海を航行するのは容易ではなく、危うく転覆しそうになることが数度あった。遠州灘では荒海を強行突破したため蒸気の釜を破損した。そうした困難を乗り越えて、やっとの思いで大坂の天保山に着いたのは二七日のことであった。

明けて慶応四年の一月三日、新政府軍と旧幕府軍の間で戦争が始まった。鳥羽・伏見で旧幕府軍が敗走したという知らせは、大坂城にいた慶喜以下、諸大名やその家臣たちを激しく動揺させた。六日夜、慶喜は密かに大坂城を脱出し、天保山から軍艦開陽丸に乗って江戸へ退却した。信古は現職の大坂城代牧野貞利《さだとし》（貞直《さだなお》）と大坂城内で行き合い、慶喜を連れ戻すため、わずかな供を連れて天保山に向かったが、既に慶喜は海上の人であった。

途方に暮れた信古と貞利は、その足で身をやつして陸路大坂を脱出する。はじめは大和路から京都を目指したものの途中で断念し、伊勢路を進んで松坂（三重県松阪市）から船に乗り吉田へ向かった。吉田城にたどり着いたのは一二日であった。同行していた貞利はそのまま江戸を目指した。

潤一郎、危機一髪！

一方、大坂には潤一郎を含む多数の吉田藩士が取り残されていた。他藩の藩士たちも同様に主君を見失って混乱していた。彼らは慶喜が徳川御三家の一つである紀伊和歌山に立ち寄るという情報を得て主君も後を追ったと思い、一斉に和歌山を目指した。潤一郎は同僚の柳川両蔵《やながわりょうぞう》と二人で信古を捜すため、七日の明け方に大坂を出発した。

翌日夜は紀伊国橋本宿の住吉屋に泊まった。この一帯は物騒で、宿場が焼き払われるという噂が流れており、一度は宿泊を断られたが、宿役人の計らいでなんとか泊まることができた。住吉屋からは、この先は危ないので昼頃に百姓の格好をして出発するように助言を受けた。また、大坂城が落城して大坂方は紀州へ引き上げたという噂も耳にしたので、とにかく信古の安否を確認したいという思いに駆られた。

一〇日の昼頃、住吉屋の助言どおり百姓の姿に変装して、岩出《いわで》宿まで進み井戸屋に泊まった。この時の旅籠《はたご》代は一人金二朱《しゅ》と銭二〇〇文《もん》で、江戸時代後期の東海道の旅籠代と比べると五～六倍という高騰ぶりであった。

一一日に和歌山城下近くまでたどり着き、見張り役がいたので事情を話すと、諸大名は加太《かだ》の浦《うら》へ向かったと知らされ、すぐに向かうことにした。和歌山藩は徳川方の兵が城下に入ることを拒んだのである。和歌山へ入れなかった徳川方の敗走兵があちこちへ向かうため渡船の数が不足していた。ようやく一艘《そう》雇うことができたが、わずか三里を進むのに金三両も取られた。夜になって加太の浦に着いたが、そこには大勢の会津藩士がいるばかりで、信古や吉田藩士の姿はなかった。その夜は漁師の家に泊めてもらったが、あばら家で夜具もなかったので寒さが堪《こた》えた。出された食事は握り飯一つのみであった。

翌日、潤一郎と両蔵が再び岩出宿の井戸屋へ戻ったところで、慶喜は紀州を出航したという噂を耳にしたため、海路をあきらめ大坂へ戻って様子を探ることを決めた。二人は和泉《いずみ》国へ入り貝塚、岸和田を経て大坂へ向かおうとしたが、警戒が厳しかったため大坂入りをあきらめ、東へ進むことにした。

一四日に雪が降り積もった山道を進んで大和国に入り、信貴《しぎ》山に参詣した。その後竜田《たつた》宿の少し手前で、鉄砲を持った七、八人の見張りに見つかってしまった。伊勢参りに行くと言い逃れしようとしたが信じてもらえず、所持品を調べられ、衣服を脱がされ縄を掛けられてしまった。近くの役所へ連行されて取り調べを受け、その後奈良芝辻《しばつじ》の牢屋敷の揚《あがり》屋《や》へ入れられた。空腹と寒さに苦しめられ、もはや絶体絶命という状況に追い込まれた。

その後二六日になって芝辻役所へ呼び出され、これまでの経緯を包み隠さず話したところ、その日は再び揚屋へ戻されたが、翌日再度呼び出され「侍の身分でありながら大小の刀を捨てて徘徊したのは不埒《ふらち》であるが、さしたる悪事もしていないので、今回は寛大に取り計らう」として、奈良の旅籠屋へ身柄を預けられた。二人は一三日ぶりに出牢したのである。しかしその後も奈良から出ることは許されず、大和国鎮撫《ちんぶ》総督久我通久《こがみちつね》の参謀春日潜庵《せんあん》や新政府方の諸藩による取り調べが続けられた。

ようやく二人が赦免されたのは、三月七日の朝であった。すでに信古が吉田へ戻っていたことを知らされていたのかは定かでないが、吉田を目指して奈良から北上し、大津から東海道に入った。そして一二日夜、宮（熱田）宿で感動の再会を果たす。朝廷からの上京命令に応じて西進する信古の行列と出会ったのである。本陣で主君と約二ヵ月ぶりに対面した二人は、これまでの苦労を労《ねぎら》われ、金一〇〇〇疋《びき》ずつを与えられた。そして一四日に吉田へ生還した。

島原御陣二五〇年記念式典

大坂から落ち延びてきた信古が帰還した吉田城では、新政府軍と旧幕府軍のどちらにつくか評議がおこなわれ、藩論は新政府軍に恭順と決した。新政府は朝敵となった徳川家から松平姓を賜った家は本来の苗字に戻すように布告したため、信古は苗字を「松平」から「大河内」に戻した。

明治二年（一八六九）六月、三河吉田藩は伊予吉田藩と同名であったことから、豊橋藩と改称し、同四年の廃藩置県を迎えた。廃藩後、大河内信古は下屋敷があった東京の谷中清水町に移住し、趣味の絵画を愉《たの》しんだ。明治一七年に華族制度が設けられると、子爵に叙せられた。

大嶋左源太豊陳《とよつら》は、新政府の指示に基づいて再編成された藩の職制のうち、もとの勘定奉行にあたる会計大録事に任命されて引き続き藩財政に携わったが、明治四年七月に廃藩置県が実行されると、一二月一三日に豊治（潤一郎）へ家督を譲って隠居した。そして同九年六月一七日に七〇年の生涯を終えた。

大嶋豊治は、職制改革後は社寺大録事兼戸籍掛りを務めた。廃藩後は父の跡を継いで、大河内家の家扶《かふ》として東京に移住し、同家の事務や財務の全般に携わり、信古の子女の教育にもあたった。明治一九年には、長年忠実に家事を整え尽力してきた勤労に報いるとして、信古から資産金五〇〇円を贈与された。

明治二〇年は西暦一八八七年、島原御陣から二五〇年の節目である。101ページで紹介した二〇〇年記念の年と同様に、島原扈従《こしょう》の末裔《まつえい》が集められて式典と宴会が開催された。

谷中清水町の大河内子爵邸では、まず信古夫婦と嫡男信好ら一家が並んで座り、家扶から女中まで使用人一同から祝いの言葉を受けた。その後、信古は二階の広間へ上がり、島原扈従の末裔と面会した。この時出席したのは、鋤柄耕山《すきがらこうざん》・倉垣主鈴・宮田宣民《のりたみ》・松尾五郎・大嶋豊治・関屋次郎・浅井浅《せん》・小畠延衛《こばたけのぶえ》・村島弘のわずか九人であった。信古は「互いに長久繁栄めでたし」と発声して退出した。そして去り際にある人物と面会した。そう、〝サンキュー〟三河屋こと田中久右衛門である。久右衛門は鰹節一折を献上し、羽織地一反を頂戴した。参勤交代はなくなっても、島原扈従の縁はまだ続いていたのである。

式典後に開かれた宴会も、前回と同じような流れで進められ、料理の内容も全く一緒であった。旧領の豊橋では、島原扈従の末裔三二人に酒と吸物が振る舞われた。この島原御陣二五〇年記念式典は、旧豊橋藩主従にとって最後のビッグイベントとなった。

主従関係が終わる時

大河内信古は、翌二一年一一月に六〇歳で死去し、嫡男の信好が跡を継いで子爵となった。信好の母鋹子《としこ》は越後新発田《しばた》藩主溝口家の出身で、女系で信綱とつながっていたため、久しぶりに信綱の血を引く当主が誕生した。

信好の代には暴落した東京の土地を買い集めたため、大河内家は豊富な資産を築いた。その背景には豊治の働きもあったと思われる。信好は体が弱かったようで、子ができないことを心配した豊治は、信好の妹一子に婿養子を迎えることを考えた。大河内家の跡継ぎに相応《ふさわ》しい人物を探し回るうち、信古の実弟で同族の上総大多喜《かずさおおたき》藩主を継いだ大河内正質《まさただ》の長男正敏《まさとし》が優秀な人物であると目をつけ、長男でありながら養子に迎えることを強く念願した。

還暦が近くなった豊治は次第に眼病に悩まされるようになり、明治二四年一二月から欠勤が続いた。翌年六月には、これ以上の御奉公は困難であると判断して辞表を提出し、三〇日付けで大河内家を退職した。信好は長年の豊治の功績に報いるため、終身年金として毎月金五円を贈与することを決めた。ここに、約二六〇年間続いた松平伊豆守家と大嶋家の主従関係に終止符が打たれた。

大河内正敏が満二〇歳になった明治三一年一二月、正敏と一子の結婚式が執りおこなわれた。豊治の望みどおり、正敏が大河内家の世継ぎになったのである。その後の正敏は豊治の見立てどおりの活躍を見せ、東京帝大を首席で卒業し、東京帝大教授や貴族院議員を務め、理化学研究所の三代目所長として理研グループの発展に寄与した。

図12　晩年の大嶋豊治

（画像提供：大嶋豊信氏）

大河内家の行く末を安泰とみた豊治は、明治三七年六月三〇日に七三歳で世を去った。

晩年の豊治の写真には、幕末から明治という激動の時代を乗り越えて主君に忠誠を尽くした老武士の愚直な生き様が映し出されている。

あとがき

私がはじめて「大嶋家文書」の存在を知ったのは、二〇一五年の秋だったと記憶している。当時勤務していた豊橋市二川《ふたがわ》宿本陣資料館で、吉田藩の参勤交代に関する企画展「伊《い》豆守《ずのかみ》が行く　吉田藩の大名行列と松平信明《のぶあきら》」で展示する資料を探している時だった。同館の関連施設である豊橋市美術博物館には、それ以前より大嶋家文書研究会からコンタクトがあり、同会が編集した『大嶋家文書の世界』を頂戴していたため、それを読んで吉田藩の参勤交代に関する古文書がまだまだ存在していることを知ったのだ。

早速、大嶋家文書研究会の梅村俊一さんを通じて、文書の所蔵者である大嶋豊信さんにお会いすることができ、企画展への貸し出しを快諾していただいた。この企画展は大嶋家文書なくしては成立し得なかった。もっとも、私が古文書好きなせいでモノクロの展示物ばかりになってしまい、力量不足と断じてしまえばそれまでだが、来場者のみなさまにその面白さを充分理解してもらうまでにはいたらなかったと痛感している。幸いにも（？）この企画展の展示図録は、本書執筆時点ではまだ在庫が残っているので、この本を読んで興味を持たれた方は、是非とも二川宿本陣資料館でお求めいただきたい。

その後、大嶋さんのご意向により、有り難いことに一二〇〇点以上の大嶋家文書を一括して豊橋市美術博物館に寄附していただいた。これだけまとまった量の吉田藩士の資料はほかになく、引き続き調査を進めることで吉田藩の研究がより深化することだろう。

そうした経緯があり、大嶋家文書が身近になったことで、なんとかその魅力を知ってもらう方法はないものかと思案していたところ、思いがけず大嶋家文書研究会のメンバーでもある、集英社インターナショナルの土屋ゆふさんから電話が入り、本書の執筆を依頼された。これこそ渡りに舟とばかりに、後先考えず二つ返事でお引き受けすることにした。しかし、ほかの執筆依頼や自身の異動が重なってしまい、頭の切り替えが難しかったが、なんとか最後までたどり着くことができた。

本書の主題である若殿と左源太による参勤交代の分析は、大嶋家文書研究会の業績や先の企画展である程度形が見えていたが、それ以外にも研究会や講座などでたびたび大嶋家文書を活用した発表の場を頂戴し、伊豆守家における「島原」の意義付けや、三河屋との結びつきなどについて考察する機会があり、多少なりとも本書に反映することができた。

ところで、最近三河吉田藩の居城であった吉田城がアツい。これまでは天守閣もない地味で未完成のまま終わった城というイメージを持たれていたが、新たな発掘調査や文献資料の研究が進んで、実は東海三名城に数えられるようなスゴい城だったと再評価されるようになり、二〇一七年には続日本一〇〇名城に選ばれた。

一方で、城の主であるお殿様の知名度はゼロに等しい。吉田城を大改築した織豊期の池田輝政《てるまさ》が知られるくらいだろう。松平信明にしても、四半世紀も幕政のトップに君臨していたわりには、国元にほとんどいなかったためか印象が薄い。信明をモデルにした大名行列を毎年開催している二川地区（豊橋市だが、江戸時代は吉田藩領ではない）のほうが、知っている人の割合は多いかもしれない。城主や藩の歴史・文化にも興味を持ってもらえるよう、私も努力しなければならない。

各地の博物館と同様に、私が勤務する館の収蔵庫にも多くの古文書が保管されている。その大部分は展示されることもなく、来館者の目に触れる機会はないが、だからといって価値がないということでは決してない。その一点一点が、先人たちが歩んできた証《あかし》であり、各地域や各家で守り伝えられてきた歴史や文化、未来への指針となる経験と知恵が詰まった、唯一無二の「お宝」である。
今、私の目の前にある無名の「お宝」のなかに、もしかしたらダイヤの原石が眠っているかもしれない。古文書を記した無名の人物がスポットライトを浴びる日が来るかもしれない。古文書に記された誰も知らない物語が映画やドラマになるかもしれない。そんな密かな希望を抱きつつ、日々古文書の山と向かい合っている。

幸運は用意された心のみに宿る(ルイ・パスツール)

末尾になるが、大嶋家文書の整理・解読に尽力してこられた大嶋家文書研究会のみなさま、集英社インターナショナルの土屋さんに、心より感謝申し上げる。

二〇一九年二月二八日　島原御陣三八二年記念日に

久住祐一郎

※本図は、関連史料をもとに、著者が構成したものである。
※職名の横の ══ は国元、── は江戸の役職を示す。

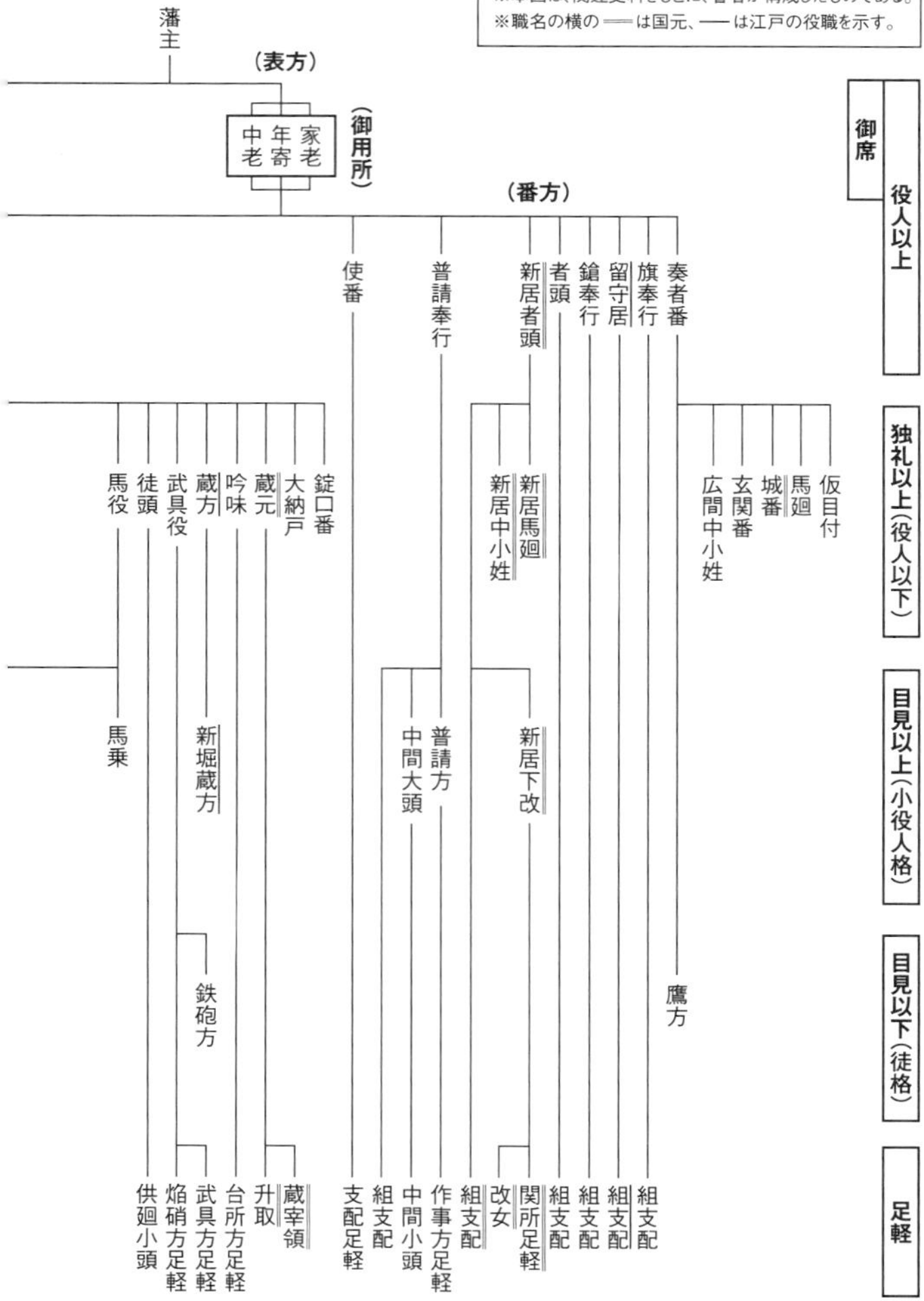

〔資料〕三河吉田藩の職制

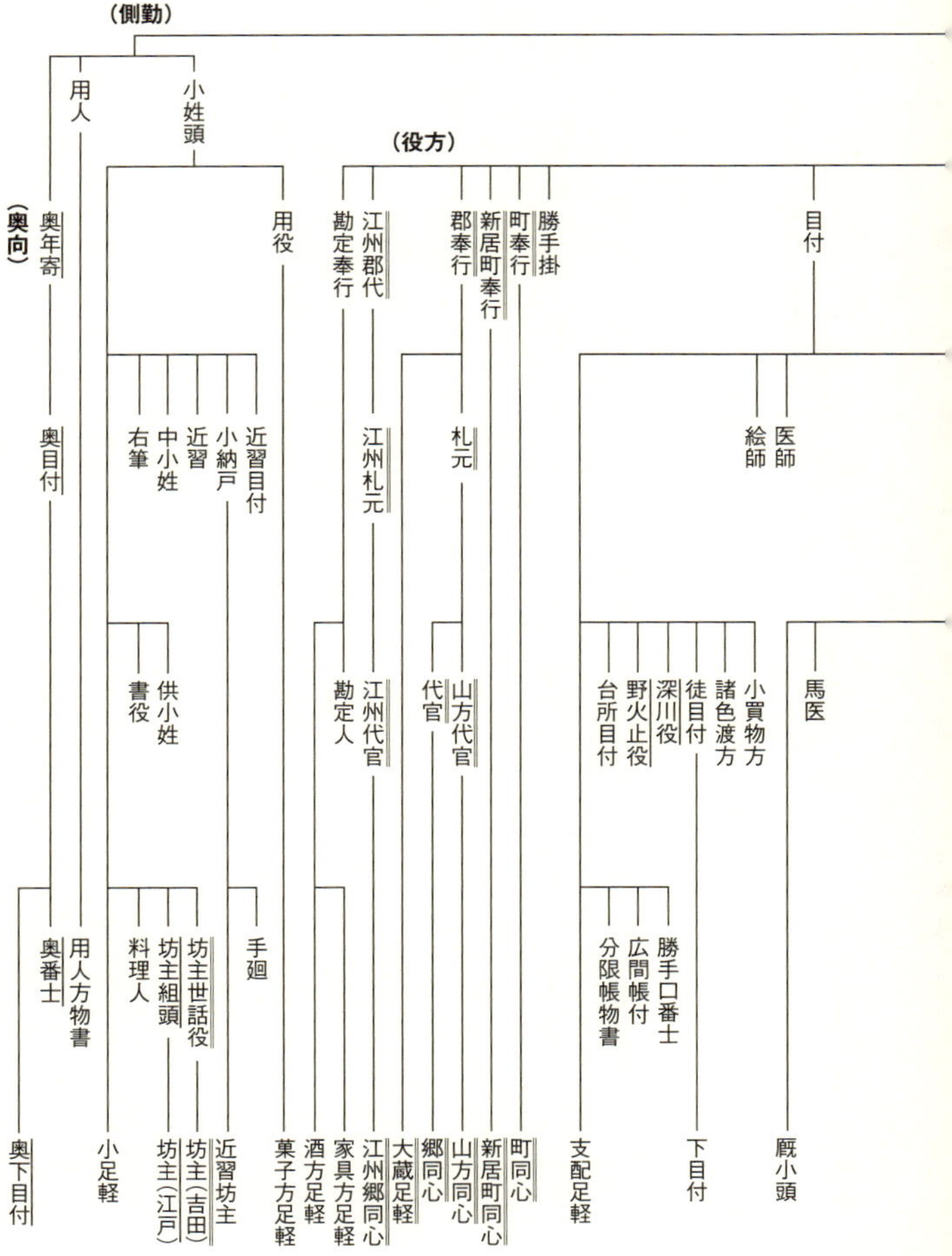
（側勤）
用人
小姓頭
（奥向）
奥年寄
奥目付
奥番士
奥下目付
用人方物書
用役
菓子方足軽
右筆
中小姓
近習
小納戸
近習目付
書役
供小姓
料理人
坊主組頭
坊主世話役
手廻
小足軽
坊主（江戸）
坊主（吉田）
近習坊主
（役方）
勘定奉行
江州郡代
郡奉行
新居町奉行
町奉行
勝手掛
目付
江州札元
札元
勘定人
江州代官
代官
山方代官
酒方足軽
家具方足軽
江州郷同心
大蔵足軽
郷同心
山方同心
新居町同心
町同心
絵師
医師
台所目付
野火止役
深川役
徒目付
諸色渡方
小買物方
馬医
分限帳物書
広間帳付
勝手口番士
支配足軽
下目付
厩小頭

主要参考文献

未刊行資料

・大嶋家文書（大嶋豊信氏旧蔵、豊橋市美術博物館所蔵）
・大河内家文書（個人蔵、国文学研究資料館および豊橋市美術博物館寄託）
・吉田藩日記類（豊城神社所蔵、豊橋市指定有形文化財）
・米屋田中家文書（東京都江戸東京博物館所蔵）
・新居町史編さん委員会『新居町史　第六巻』一九八三
・市川寛明「江戸における人宿の生成と発展―六組飛脚屋仲間米屋田中家を事例に―」『東京都江戸東京博物館研究報告』第七号　二〇〇一
・市川寛明「江戸における人宿商人の家業構成について―米屋田中家を事例に―」『東京都江戸東京博物館研究報告』第八号　二〇〇二
・市川寛明「人宿米屋田中家創業期の系譜と石碑建立活動について」『東京都江戸東京博物館紀

要』第二号　二〇一二
・市川寛明「人宿米屋による参勤交代の請負実態と収益メカニズム―安政六年　桑名藩参府行列を事例に―」『東京都江戸東京博物館紀要』第三号　二〇一三
・岡崎寛徳「江戸山の手の質屋伊勢屋長兵衛と幕府・大名―用立・饗応・勝手向奉公―」『大倉山論集』第六十四輯　二〇一八
・大河内眞『大河内一族』二〇〇九
・大嶋家文書研究会『大嶋家文書の世界　若殿道中記・たみ縁組』二〇一二
・大嶋家文書研究会『勤要録　三河吉田藩における「先例集」』二〇一六
・大野瑞男『人物叢書　松平信綱』吉川弘文館　二〇一〇
・笠谷和比古『江戸御留守居役　近世の外交官』吉川弘文館　二〇〇〇
・橘敏夫「文政・天保年間における三河吉田藩政の動向」『愛知県史研究』第一一号　二〇〇七
・豊橋市教育委員会『豊橋市史々料叢書第五集　吉田藩普請奉行日記』二〇〇二
・豊橋市史編集委員会『豊橋市史　第六巻』一九七六
・豊橋市二川宿本陣資料館『二川宿史料集第四集　二川宿本陣宿帳Ⅲ』二〇一一
・豊橋市二川宿本陣資料館『伊豆守が行く　吉田藩の大名行列と松平信明』二〇一六

・豊橋市役所『豊橋市史　史料編二』一九六〇
・藤井隆「中山美石年譜考証」『文莫』第一二号　一九八七
・根岸茂夫『大名行列を解剖する　江戸の人材派遣』吉川弘文館　二〇〇九
・三世善徳「天明八年御宿割留帳に見る吉田藩参勤交代」『愛知大学綜合郷土研究所紀要』第五三輯　二〇〇八
・山本博文『武士の評判記「よしの冊子」にみる江戸役人の通信簿』新人物往来社　二〇一一
・榎本浩章「文久の参勤交代緩和と幕政改革について」『法学新報』第一二一巻、第一・二号　二〇一四

久住祐一郎《くすみ ゆういちろう》

豊橋市美術博物館学芸員。一九八四年、新潟県生まれ。岡山大学教育学部卒業。同大学院社会文化科学研究科博士前期課程修了。豊橋市二川宿本陣資料館学芸員を経て現職。交通史学会常任委員。主要論文に「東海道二川宿における商家の経営と地域金融」（『三河―交流からみる地域形成とその変容―』雄山閣）、「大河内松平氏時代の吉田城」（『三河吉田城』戎光祥出版）。

三河吉田藩《みかわよしだはん》・お国入《くにい》り道中記《どうちゅうき》

インターナショナル新書〇三六

二〇一九年四月一〇日　第一刷発行
二〇一九年八月二〇日　第三刷発行

著　者　久住祐一郎《くすみゆういちろう》
発行者　椛島良介
発行所　株式会社 集英社インターナショナル
〒一〇一－〇〇六四 東京都千代田区神田猿楽町一－五－一八
電話 〇三－五二一一－二六三〇
発売所　株式会社 集英社
〒一〇一－八〇五〇 東京都千代田区一ツ橋二－五－一〇
電話 〇三－三二三〇－六〇八〇（読者係）
〇三－三二三〇－六三九三（販売部）書店専用
装　幀　アルビレオ
印刷所　大日本印刷株式会社
製本所　大日本印刷株式会社

ISBN978-4-7976-8036-2　C0221

インターナショナル新書

009
役に立たない読書
林　望
読書は好奇心の赴くままにすべし！　古典の楽しみ方、古書店とのつきあい方、書棚のつくり方なども披露し、書物に触れる歓びに満ちた著者初の読書論。

016
深読み日本文学
島田雅彦
「色好みの伝統」「サブカルのルーツは江戸文化」「一葉の作品はフリーター小説」など、古典からＡＩ小説までを作家ならではの切り口で解説。

017
天文の世界史
廣瀬　匠
西洋だけでなく、インド、中国、マヤなどの天文学にも迫った画期的な天文学通史。神話から最新の宇宙物理までを、時間・空間ともに壮大なスケールで描き出す！

025
お釈迦さま以外はみんなバカ
高橋源一郎
キラキラネーム考／大阪おばちゃん語の憲法／名作を２秒で読む？　作家が見つけた表現とことばの数々。その秘められた意味も深掘りしていく。

028
ヌードがわかれば美術がわかる
布施英利
ヌードの彫刻が男性像だけだった古代ギリシアで突然、女性のヌード像が登場した。以来、美術の一大テーマとなったヌードの魅力と鑑賞のポイントを紹介。

インターナショナル新書

029
消えたフェルメール
朽木ゆり子
一九九〇年に盗まれて以来、姿を消したフェルメールの〈合奏〉。他のフェルメール作品盗難事件の分析や、FBIの最新調査情報から事件の新事実に迫る。

031
その診断を疑え!
池谷敏郎
総合内科専門医・池谷敏郎が病院&医師選びのポイントを徹底指南! 頭痛や腰痛、がんから白血病まで、あなたの身体の不安を解決します。

033
データが語る日本財政の未来
明石順平
公的データによる150以上のグラフや表で、破綻寸前の日本財政を検証。財政楽観論を完全否定し、通貨崩壊へと突き進む未来に警鐘を鳴らす。

035
光の量子コンピューター
古澤 明
常識を超える計算能力をもちながらエネルギー消費が極めて低い量子コンピューター。光を使う方式で開発の先陣に立つ著者が、革新的技術を解説する。

037
チョムスキーと言語脳科学
酒井邦嘉
脳科学が言語の謎に挑む――。厳密な実証実験により、チョムスキーの生成文法理論の核心である〈文法中枢〉の存在が明らかに!

030

全国マン・チン分布考

松本 修

女陰語はなぜ大っぴらに口にできないのか？　学術的にも高い評価を得たベストセラー『全国アホ・バカ分布考』の著者が、全国市町村への膨大なアンケートに基づき女陰・男根語の方言分布図を作成。言語地理学で丹念に読み解き、古文書、春画などをつぶさにあたる。そして至った驚くべき結論とは――。一気読み必至の面白さ！　放送禁止用語に阻まれた『探偵！ナイトスクープ』の幻の企画が書籍で実現！

カラー版女陰・男根方言全国分布図付き。

インターナショナル新書

032

縄文探検隊の記録

夢枕 獏 岡村道雄

かくまつとむ・構成

一万年も続いた縄文時代。日本列島に住んでいた祖先たちはどのような生活を送り、どんな精神文化を築いていたのか。日本の神々のルーツを縄文に求める作家と、縄文は真の理想郷だったと断言する考古学者が、縄文世界を探検する。

遺跡・遺物の最新情報から推論する合理的で豊かな暮らし、空海の密教と縄文の神々の関係、古代日本に渡来した人々の正体など、縄文研究の最先端を紹介。縄文人が高度な知識と文明をもっていたことが解き明かされる。